基本の技術とバリエーション

もつ焼き
串焼き

はじめに

　「もつ焼き」とは豚の内臓肉に串を打って、焼き鳥スタイルで提供するものだ。東京では下町を中心に古くから親しまれてきたが、ここ10年ほどで一気に店数が増えた。以前は地元の男性客ばかりが集って入りにくい印象の店も多かったが、最近では清潔で明るいことに加え、デートでも使えるようなお洒落な店も少なくない。それにともない、若者や女性が積極的にもつ焼き店に訪れるようになっている。

　一方で「串焼き」は、日々進化を遂げている。近年の流行りは、なんといっても「野菜巻き」。豚のバラ肉で野菜などを巻く商品で、福岡・博多にルーツを持つといわれる。

　第1部では3店の人気もつ焼き店の協力を得て、下処理から串打ち、火入れまでの工程を部位別に写真つきで解説。第2部では、野菜巻きを含む博多串焼きに加え、同様に最近注目を集めている牛串、創作串という3ジャンルの繁盛串焼き店のメニューバリエーションと調理技術を紹介する。

　もつ焼き店、串焼き店にかかわる方はもちろん、開業を考えている外食業界関係の方はぜひ手に取って、プロの技術を学んでほしい。

柴田書店書籍編集部

Contents

第1部
部位別 もつ焼きの技術
~下処理から串打ち、火入れまで~

- もつ焼きの基本の技術 ……………… 006

実力店3店のスタイルチェック
- スタミナ串焼き 仲垣 …………… 007
- やきとん ざぶ …………………… 008
- あぶり清水 ……………………… 009

● 部位別の技術 ……………… 010
タン　カシラ　ハツ　レバ　ハラミ　チレ　ナンコツ　ガツ　シロ　テッポウ　トントロ　ベンケイ　オッパイ　クチビル　ブレイン

- もつ焼き店の気になるQ&A ………… 065

第2部
串焼き最前線
~バラエティ串の商品開発と専門店の技~

01 [博多串焼き] 博多串焼き ハレノイチ ………… 068
ネギ巻　しそ巻　ほうれん草チーズ　豚バラ　さがり　しぎ焼　しろ　梅いわし巻　トマト巻　焼きそば　スモークチーズ　巨峰巻

02 [牛串] 牛ホルモン串 吉村 ……………………… 090
タン　タンカルビ　ハート　コリコリ　センマイ　アカセン　グレンス　アゴ　レバー　ハラミ　ロース　フワ

03 [創作串] 串焼 博多 松介 ………………………… 112
モッツァレラトマト巻　しそ明太チーズ巻　アボカド豚巻　真鯛串　博多とろ玉　特製ねり　もも　白肝　しいたけの豚巻　エリンギの豚巻　骨付きラム　焼きおにぎり

- 掲載店紹介 ……… 134

カバー・本文デザイン／長澤 均＋池田ひかる [papier collé]
カバー・本文イラスト／えんがわ
撮影／中島聡美、上仲正寿（牛ホルモン串 吉村）、中西ゆき乃（串焼 博多 松介）
校正／安孫子幸代
編集／石田哲大

第1部
部位別 もつ焼きの技術
～下処理から串打ち、火入れまで～

これだけは押さえておきたい

もつ焼きの基本の技術

下処理

高品質なもつ焼きを提供するためにもっとも大切なことが、鮮度のよいもつを仕入れ、それを丁寧に処理することといえる。素材は、その日の朝にと畜されたものを仕入れられればベストだが、そうでなくてもできれば前日にと畜されたもの、しかも衛生管理や下処理をしっかりと行っている業者から購入したい。店に入荷してからは、白もの(消化器系)であれば熱湯でボイルするなどして臭みを取り除く(写真左)。さらに、スジや膜といった食感や味の悪い部分を徹底して掃除することで(同右)、品質の高い商品を提供することができる。

厚みを揃える / 上に行くほど大きく

重心をとらえる

串打ち

串は肉の繊維に対して垂直に打つのが基本。火を入れると繊維が走る方向に肉が縮むためで、並行に打つと肉が上下に縮んで隙間ができてしまう。また、串を打つときには「肉の重心をとらえる」ことが大事。重心が不安定だと焼いている最中に串が回転してしまい、均一に火を入れられなくなってしまう。さらに焼きムラができないためには、肉の厚みを揃えることも大切だ。加えて、串の下から上に向かって広がるように打つのもポイント。ひと口目にいちばんおいしい部分を食べてもらうことに加え、焼き台は一般的に手前のほうが火力が弱いので、このように打つと均一に火を入れやすくなるからだ。

火入れ

もつ焼きの熱源には、ぜひとも炭火を使いたい。炭火はほかの熱源とは異なり、輻射熱=遠赤外線によって物体を加熱する。遠赤外線は物体に吸収されると表面温度が高くなる性質があるので、表面がカリッと焼き上がる。加えて炭から上昇する熱せられた空気や煙によっても火が入り、白炭であればその温度は700～1000℃にも達する。さらに炭火ならではの燻製香もまとわすことができる。実際に火入れをする際は、表面(炭火があたる面)の色が変わったら面を返し、以降は焦がさないように何度か面を返しながら均一に火を入れていく。当然、部位や好みによって「ベスト」な火入れは変わってくるので、数をこなすことでコツをつかんでほしい。

実力店3店のスタイルチェック ①

スタミナ串焼き 仲垣

徹底した鮮度管理と下処理で
大衆店ながら高品質な商品を提供

● レギュラーメニュー（抜粋）

れば	180円
なんこつ	180円
たん	180円
ちれ	180円
はつ	180円
がつ	180円
かしら	180円
しろ	180円
てっぽう	180円
上がつ	230円

※商品内容と価格は2018年12月現在

● もつの仕入れ

東京・芝浦のと畜場からその日の朝にと畜された豚のもつだけを仕入れ。かならず1日で売り切る。鮮度を維持するために、店の立地は芝浦から近い場所（同・目黒）を選んだ。

仲垣's Style

串幅を揃えて打つ。焼き台も特注品

串幅を揃えて打つ

串幅を揃えて打つのが、「仲垣」のスタイル。いちばん下は比較的形も肉質もいいもの、真ん中のあたりには小さめの肉を「中刺し」として使う。いちばん上はもっとも大きくて肉質のよい肉を刺す。1本の重量が38gが基本で、肉の打ってある部分の長さは10cm。効率よく、かつ最適な火入れができるように、焼き台は、このサイズに合わせて特注した。

徹底した下処理でもつ特有の臭みを取り除く

白もの（消化器系）は、たわしなどでしっかりと汚れを落としたうえで（写真上）、2回茹でこぼしてからボイル。タンも根元をたわしでこすって洗ったうえで、血管にたまった血液を指で押し出してから洗い流し（同下）、下処理を徹底。もつ特有の臭みを取り除き、鮮度のよさをアピールする。

酒をぬって風味よく仕上げ。味つけは塩、コショウが基本

火を入れる前に刷毛で両面に酒をぬることで臭みをマスキングして（写真上）、風味よく仕上げる。味つけは、赤もの（消化器系以外）であれば、塩とコショウで提供することが多い（同下）。白ものに関してはタレ焼きが基本だが、看板商品でもある「上ガツ」などは醤油で提供。大衆店らしく、皿には練りガラシを添え、好みでつけて食べてもらう。

実力店3店のスタイルチェック

やきとん ざぶ

小ぶりの串やねぎまスタイルで
女性にも訴求する高級路線

● レギュラーメニュー（抜粋）

レバ
タン
ハツ
カシラ
ノドモト
ハラミ
テッポウ
シロ
チレ
ナンコツ
ガツ・・・・・・・・・・・・・・各220円

※商品内容と価格は2018年12月現在

● もつの仕入れ

芝浦のと畜場から近い東京・品川の精肉店で、その日の朝にと畜したもつを購入。オーナーの鈴木祐三郎氏がおもむいて、状態のいいものを指定して仕入れている。

ざぶ's Style

女性客を意識した小ぶりサイズ。「千寿葱」で軽めの食後感に

「ざぶ」の串は、肉だけで30g、ネギを入れて45gが基本。女性客を意識した比較的小ぶりのサイズ。赤もの（消化器系以外）を中心に肉の間にネギを挟む「ねぎま」スタイルで提供するのも、食べたときに「軽さ」を感じてもらうことを意識しているからだ。ネギはしっかりした甘味が感じられる「千寿葱」（写真上）を使用。上のほうには、甘味が強い白い部分、下のほうには、1串食べ終わったときにさっぱりとした後味にするためにやや辛味が感じられる青い部分を打つのがルールだ。

こまめに面を返して短時間で焼き上げる

串のサイズが小ぶりで、かつ厚みもないので火入れは短時間で行う。表面（炭火にあたる面）に浅く焼き色がついたら面を返し、そこからは肉が固くならないように頻繁に面を返して強火で一気に焼き上げる。部位にもよるが、おおむね焼き時間は5分程度。すばやく焼くことで、しっとりとジューシーに仕上げている。なお、焼き台のサイズに合わせて、炭は紀州備長炭の小丸（直径2～3cmのもの）を使用する。

赤ものは塩焼き、白もの（消化器系）はタレ焼きが基本で、塩焼きの場合は焼き上がり直前に刷毛でレモン果汁をぬってさっぱりと食べさせる。また、ひと口目の味のインパクトがいちばん強くなるように、塩は手前（串の下）から奥（串の上）に向かって強くなるようにふる（写真右）。また、タレ（同左）は、煮切った日本酒と赤ワインに醤油や3種の砂糖などを加えた比較的さっぱりしたタイプ。タレ焼きには山椒の粉をふりかけて提供し、味に変化をつけている。

レモン果汁でさっぱりと。タレ焼きは山椒で変化も

実力店3店のスタイルチェック ③

あぶり清水

食べごたえのある大ぶりの串。
1本140円〜でお値打ち感を訴求

● レギュラーメニュー（抜粋）

上タン串	380円	しろ	140円
あみレバ	210円	さんど	140円
あみハツ	210円	はらみ	140円
あみチレ	210円	ばら	140円
レバテキ	210円	びーとろ	140円
れば	140円	なんこつ	140円
たん	140円	ちれ	140円
かしら	140円	のどなんこつ	140円
はつ	140円	べんけい	140円
てっぽう	140円		

※商品内容と価格は2018年12月現在

● もつの仕入れ

群馬県内の業者から、前日にと畜して丁寧に処理された「上州豚」のもつを部位ごとに仕入れている。白ものは、ボイルされたものを仕入れることで鮮度を維持。希少部位も扱う。

あぶり清水's Style

上に行くほど大きく

最大60gの大ぶりサイズ。串打ちは逆三角形が基本

「あぶり清水」の串は基本的に大ぶりで、「上タン」は1串55〜60g、そのほかの串も大部分が1串50gを基準とし、味だけでなく、ボリューム感も売りにしている。串打ちは、上に行くほど大きくなるのが基本。上のほうが火が入りやすいという理由もあるが、加えてひと口目を頬張ったときに与えるインパクトを大事にしている。

焼き台に網をわたして火入れ。向きを変えながら焼き上げる

火入れは、強火で香ばしく焼き上げるのが基本。ただし、串のサイズが大ぶりなので、中心まで火を通すのがむずかしい。そこで、焼き台に網をわたして作業効率を高め（写真上）、串の先端が手前にくるように向きを変えたり（同下右）、串を立てたりしながら（同下左）、火の入りにくい先端や根元にも均一に焼いていく。

クチビル

ベンケイ

希少部位も積極的に商品化。「網シリーズ」も3品を用意

定番商品のほかに、「べんけい」（脛）、「くちびる」（唇）、「おっぱい」（乳房）といっためずらしい部位もレギュラーメニューとして商品化し、お客の好奇心に訴える。加えて、脾臓（チレ）に付着した網脂で肉を巻いた「網シリーズ」も「あみレバ」「あみハツ」「あみチレ」の3品を用意。廃棄ロスを軽減しながら商品の付加価値を高めている。

あみレバ

部位別の技術 Index

部位	🔴 仲垣	🟠 ざぶ	🟡 あぶり清水
🔵 タン	013ページ	014ページ	015ページ
🔘 カシラ	017ページ	018ページ	019ページ
🟢 ハツ	021ページ	022ページ	023ページ
🟩 レバ	025ページ	026ページ	027ページ
🟢 ハラミ	029ページ	030ページ	031ページ
🟢 チレ	033ページ		034ページ
🟢 ナンコツ	038ページ	040ページ	039ページ
🟡 ガツ	045ページ		
🟡 シロ	047ページ	048ページ	048ページ
🟡 テッポウ	051ページ	052ページ	053ページ
🟠 トントロ	055ページ		
🟤 ベンケイ			057ページ
🟤 オッパイ		059ページ	
🟤 クチビル			061ページ
🟤 ブレイン	063ページ	064ページ	

掲載部位一覧

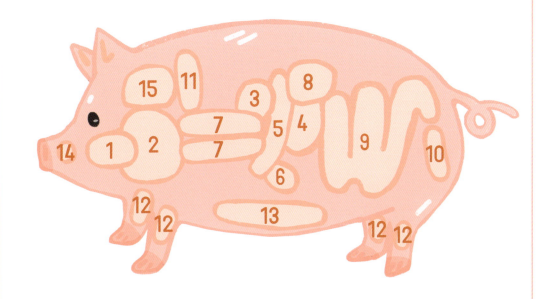

1 タン 012ページ	2 カシラ 016ページ	3 ハツ 020ページ
4 レバ 024ページ	5 ハラミ 028ページ	6 チレ 032ページ
7 ナンコツ 036ページ	8 ガツ 044ページ	9 シロ 046ページ
10 テッポウ 050ページ	11 トントロ 054ページ	12 ベンケイ 056ページ
13 オッパイ 058ページ	14 クチビル 060ページ	15 ブレイン 062ページ

小気味いい食感が人気の定番部位

タン〔舌〕

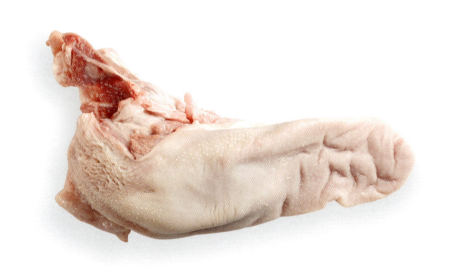

老若男女に人気の部位。ザクッとした歯触りが特徴で、なかでも先端部のタン先はコリコリとした小気味いい食感が楽しめる。一方、根元の部分は脂がのっていてジューシー。店によっては「タン下」としてメニュー化している。

Point

● **仲垣**
・水洗いを徹底し、臭みを取り除く
・タンとタン下を混ぜて串打ち

● **ざぶ**
・そぎ切りにして短時間で火を入れる
・レモン果汁でさっぱり仕上げる

● **あぶり清水**
・きれいな逆三角形に打つ
・最上の部位は「上タン」として提供

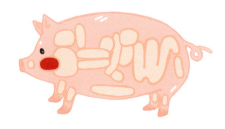

仲垣

下処理・カット

1 たわしでこすり、根元部分のぬめりを落とす。
2 血管を強く押し、血を押し出す。流水で洗い流し、水気をふき取る。
3 根元（タン下）を切り離す。
4 血管の下に包丁を入れる。

5 そのまま包丁で血管の下を切りすすめる。
6 血管を引っ張りながら切り落とす。
7 両側にある固い膜を切り落とす。
8 先端の固い部分を切り落とす。

9 幅3.5cmに切る。
10 垂直に向きを変え、幅1cmに切る。
11 ❸で切り離したタン下の形をととのえながら、厚さ1cmにそぎ切りする。
12 タンとタン下を用意。

串打ち

13 皮が下になるようにタンを打つ。
14 タン下を2つ打つ。
15 皮が上になるようにタンを2つ打つ。
16 肉の詰まり具合を指先で調整する。

火入れ

17 焼き台にのせる。刷毛で酒をぬり、塩をふる。
18 両面を焼いていき、表面にぷくぷくと気泡が現れたら焼き上がり。

仕上がり

ざぶ

▸ 下処理・カット

1 食感が硬いタン先を切り離す。タン先は「マクラ」（つくね）に使用。

2 表面に付着した筋を包丁で取り除く。

3 つけ根付近の筋も包丁で取り除く。

4 タン下を切り離す。

5 筋を包丁で取り除く。

6 縦に2等分にし、串幅にサク取りする。

7 厚さ1cm程度のそぎ切りにする。

8 タン下も厚さ1cm程度のそぎ切りにする。

▸ 串打ち

9 タン（小ぶり）、ネギ（青）、タン下の順番で打つ。

10 ネギはタンと同じ高さになるように、つぶしながら打つ。

11 続いてネギ（白）、タン（大ぶり）の順で打ち、形をととのえる。

▸ 火入れ

12 焼く前に肉の間を若干広げ、火が入りやすいようにする。

13 焼き台にのせ、塩をふる。強火で頻繁に面を返しながら短時間で焼いていく。

14 表面にこんがり焼き色がつき、ネギが焦げてきたら刷毛でレモン果汁をぬる。

15 コショウを挽きかけ、皿に盛る。

仕上がり

あぶり清水

下処理・カット

 1 根元（タン下）を切り離す。

 2 タンの付け根側を指3本分（5～6cm）切り離す。この部分を「上タン」として使用。

 3 タン先を切り落とす。

 4 縦に2等分にする

 5 厚さ1cmに切る。

串打ち

 6 下から上に向かって徐々に形が大きくなるように打つ。

 7 打ち終わり。指で形をととのえる。

 8 きれいな逆三角形になるように、包丁で端を切り落として形をととのえる。

火入れ

 9 塩をふり、焼き台にのせる。強火で焼いていき、表面に焼き色がついたら面を返す。

 10 何度か面を返し、ある程度火が入ったら串の上下を逆にして、均一に火を入れる。

仕上がり

万人受けする旨味が強い赤身肉

カシラ 〔頬肉〕

「頬肉」と「コメカミ」に分かれるが、通常は区別せずに「カシラ」と呼ぶことが多い。「もつ」とはいえ、実際には噛み応えがあって旨味が強い赤身肉で、もつ焼きを食べなれていない人や内臓系が苦手な人にも好まれる。

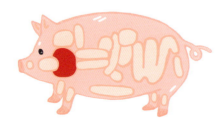

Point

● **仲垣**
・コメカミと頬肉を混ぜて串打ち
・しっかり火を入れて香ばしく仕上げる

● **ざぶ**
・火を入れすぎないように頻繁に面を返す
・塩とレモン果汁でさっぱり仕上げる

● **あぶり清水**
・下から上へ大きくなるように打つ
・強火でこんがり焼いていく

仲垣

下処理・カット

1 コメカミと頬肉を切り離す。

2 頬肉の表面の膜を包丁で切り取る。

3 細かいスジなども丁寧に取り除く。

4 2等分にして、幅4cm程度にサク取りする。

5 ここでも筋を取り除く。

6 厚さ1cm程度のそぎ切りにする。

7 同様にコメカミもスジを取り除き、厚さ1cm程度のそぎ切りにする。

串打ち

8 肉の繊維に対して垂直に、形のいい頬肉、またはコメカミを打つ。

9 次に頬肉、またはコメカミを2つ打つ。

10 最後に形のいい頬肉、またはコメカミを打つ。

火入れ

11 焼き台にのせ、刷毛で酒をぬる。塩、コショウをふる。

12 表面に焼き色がついたら面を返す。

13 その後は5～6回面を返し、表面にぷくぷくと脂が浮いてきたら焼き上がり。

仕上がり

ざぶ

下処理・カット

1. 頬肉の表面の膜を包丁で切り取る。
2. 切り取った膜は「ほおずり」として提供（ページ下）。
3. 幅2cm程度にサク取りする。
4. 厚さ7～8mm程度のそぎ切りにする。

串打ち

5. 肉をつぶしながら繊維に対して垂直に串を打つ。
6. ネギ（青）をつぶしながら串を打つ。
7. 続いて、肉、ネギ（白）、肉の順に串を打つ。
8. 横から見たときに、肉とネギの高さが揃っている状態が理想。（高さを揃える）

火入れ

9. 焼く前に肉の間を若干広げ、火が入りやすいようにする。
10. 焼き台にのせ、塩をふる。頻繁に面を返しながら短時間で焼いていく。
11. こんがり焼き色がついたら焼き上がり。ネギが焦げてきたらレモン果汁をぬる。

ほおずり

1. 頬肉から切り取った膜を幅3cm程度にサク取りする。ひと口大に切り、まるめながら串打ちする。
2. 塩をふり、こまめに返しながらこんがり焼き上げる。レモン果汁をぬる。

仕上がり

仕上がり

あぶり清水

下処理・カット

1 掃除をしやすいように適宜に切る。
2 脂の塊を切り取る。
3 表面に付着した膜を切り取る。
4 幅3cm程度にサク取りする。筋があれば取り除く。

5 ひと口大に切る。

串打ち

6 最初は小さめの肉を繊維と垂直に打つ。
7 同様に徐々に大きくなるように打っていく。
8 詰まりすぎを直して、形をととのえる。

火入れ

9 塩をふる。焼き台にのせ、強火で焼いていく。
10 表面に焼き色がついたら、面を返す。その後は4〜5回面を返しながら焼いていく。

11 手で押して弾力が出てきたら焼き上がり。

仕上がり

サクサクとした独特の食感

ハツ〔心臓〕

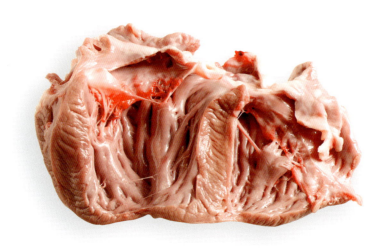

繊維質な肉質で、サクサクとした独特な食感を持つ。味わいは比較的淡白で、レバに比べてクセが少なく、食べやすい。心臓のうち、動脈とつながる部分を「ハツモト」として提供する店もある。1頭分は300gくらい。

Point

● 仲垣
・水洗いして血の塊などを取り除く
・表面を固めつつ、焼きすぎない

● ざぶ
・火が入りすぎないように頻繁に面を返す
・「ハツモト」は醤油味で提供

● あぶり清水
・スジや膜を念入りに取り除く
・表面をこんがり焼く

仲垣

◆ 下処理・カット

1 血の塊を洗い流し、水気をふき取る。

2 動脈とつながっている硬い部分を切り離す。ここは「ナンコツ」に使用。

3 心房（薄い部分）を開いて切り離す。

4 心室（厚い部分）の端にある血管を取り除く。

5 端にある軟骨を取り除く。

6 側面に付着した硬い筋などを切り取る。

7 サク取りしやすいように2等分にする。

8 幅3cm程度にサク取りする。

9 心室は、火が入りやすいようにやや角度をつけてひと口大に切る。

10 心室と心房を用意する。

◆ 串打ち

11 表面の膜が串の根元にくるように、心室に串を打つ。

12 心房を2個打つ。

13 表面の膜が先端側にくるように心室を2個打つ。

◆ 火入れ

14 焼き台にのせ、刷毛で酒をぬる。塩、コショウをふり、強火で焼いていく。

15 軽く焼き色がついたら4～5回面を返し、表面が固まってきたら焼き上がり。

仕上がり

ざぶ

下処理・カット

1. 動脈とつながっている部分（「ハツモト」として使用→23ページ）を切り離す。
2. 心室（厚い部分）と心房（薄い部分）を切り離す。
3. 包丁の先を使って、心室の血管や筋をていねいに取り除く。
4. 端の硬い部分を切り落とす。

5. 幅2cm程度にサク取りする。
6. 厚さ1cm程度に切る。
7. 心房も同様にサクに取る。
8. 厚さ1cm程度のそぎ切りにする。

串打ち

8. 繊維に対して垂直に縫うようにして、心室に串を打つ。
9. ネギ（青）をつぶしながら打つ。
10. 続いて心房、ネギ（白）、心室を打つ。

火入れ

11. 焼き台にのせ、塩をふる。
12. 軽く焼き色がついたら、面を返す。

13. その後は頻繁に面を返し、火が入りすぎないように焼いていく。
14. 表面が固まってきたら焼き上がり。レモン果汁をぬり、コショウを挽きかける。

仕上がり

ハツモト

1 ハツモトを幅2cm程度にサク取りする。

2 ひと口大に切る。

3 肉をまるめて、串を波打ちする。

4 打ち終わり。

5 焼き台にのせ、塩をふる。軽く焼き色がついたら、面を返す。

6 その後は頻繁に面を返し、こんがり焼いていく。刷毛で醤油をぬって提供する。

仕上がり

あぶり清水

下処理・カット・串打ち・火入れ

1 動脈につながる部分を切り離し、端の硬い部分を切り落とす（写真）。

2 表面の硬い部分をそぎ落とす。

3 スジや膜も丁寧に取り除く。

4 幅3cm程度にサク取りする。

5 ひと口大に切り、繊維に対して垂直に串打ちする。

6 塩をふり、焼き台にのせる。4〜5回面を返しながら焼いていく。

仕上がり

栄養価も高い定番の人気部位

レバ 〔肝臓〕

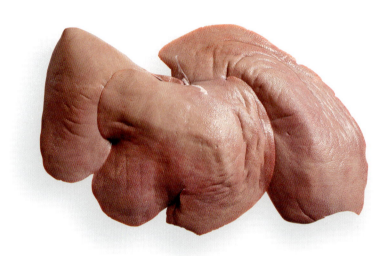

牛に比べてややクセが強いが、それを好む人は多く、もつ焼き店の人気メニュー。栄養価が高く、とくにビタミンAがもっとも多く含まれる部位である。塩、タレどちらでも合うほか、ゴマ油をかけて提供するなど、店によって個性を出しやすい商品。

Point

● 仲垣
・プリッとした食感に焼き上げる
・塩だけでシンプルに食べさせる

● ざぶ
・表面だけをさっと焼くイメージ
・「塩＋ワサビ」と「タレ＋山椒」で提供

● あぶり清水
・網脂を巻いた「あみレバ」も提供

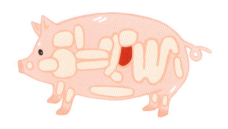

仲垣

下処理・カット

1 掃除をしやすいように、房ごとに切り分ける。

2 包丁で切り込み、きっかけをつくって、スジを取り除く。

3 端の硬い部分を切り離す。ここは中刺しに使用する。Ⓐ

4 幅4cm程度にサク取りする。

5 きれいに串打ちできるように、高さを揃える。切り落とした部分も中刺しに使用Ⓐ。

6 厚さ1cm程度に切る。血管が出てきたら、そのつど取り除く。

串打ち

7 形のいいものを1個打つ。

8 次に小さく切ったⒶを1個打ち、形のいいものを2個打つ。形をととのえる。

火入れ

9 焼き台にのせて酒をぬり、塩をふる。

10 強火で焼いていき、表面に薄く焼き色がついたら面を返す。

11 その後は頻繁に面を返し、火の入りすぎに注意しながら焼き上げる。

仕上がり

ざぶ

下処理・カット

1 掃除をしやすいように、房ごとに分ける。なるべく肉に触らないように注意。

2 表面に出ているスジを探し、肉ごとそぎ落とす。

3 幅2cm程度にサク取りする。

4 縦に2等分にして高さを2cm程度に揃える。

5 幅1cmに切る。

串打ち

6 繊維と垂直に串を打っていく。

7 打ち終わったら、詰まりすぎを直して形をととのえる。

火入れ

8 塩焼きは、焼き台にのせて塩をふる。

9 強火で焼いていき、表面の色が変わったらすばやく返す。

10 その後も頻繁に面を返して火を入れすぎないように注意する。

11 タレ焼きは、塩をふらずにタレに2度つけて皿に盛り、山椒の粉をふって提供。

仕上がり

塩

タレ

あぶり清水

下処理・カット

1 掃除をしやすいように房ごとに分ける。

2 串を打ったときに段差ができないように、高さを揃える。

3 包丁できっかけをつくって、スジを取り除く。

4 端のスジや硬い部分を切り落とす。

5 両側面も同様に切り落とす。

6 幅3cm程度にサク取りする。

7 ひと口大に切る。

串打ち

8 繊維に対して垂直に串を打っていく。

9 打ち終わったら、形をととのえる。

あみレバ

1 脾臓についている網脂をのばして、適宜の場所で切る。

2 串打ちしたレバを端から3周程度巻く。

3 網脂を串の上のほうでまとめて切る。

4 余った網脂をまるめて、串に刺して固定させる。

串の先端に刺す

火入れ

10 焼き台の上にのせ、強火で焼いていく。表面に焼き色がついたら面を返す。

11 何度か面を返し、全体的に焼き色がついたら2回タレにくぐらせて提供する。

仕上がり

仕上がり

ジューシーな肉っぽさが魅力

ハラミ 〔横隔膜〕

牛のように大きくないので、「ハラミ」と「サガリ」は通常区別をしない。
脂を残して下処理することで、ジューシーに仕上がる。カシラと並んで「肉っぽい」部位であり、万人に受け入れられやすい商品といえる。

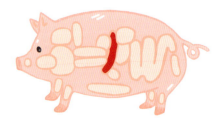

Point

● **仲垣**
・しっかり火を入れて香ばしく

● **ざぶ**
・肉の繊維を壊しながら打ち、やわらかく焼き上げる

● **あぶり清水**
・脂をすべて残してジューシーに
・箸休めにシシトウを挟む

仲垣

下処理・カット

1 掃除をしやすいように、2つに切り離す。

2 肉のつけ根に包丁できっかけをつくり、手で膜をはがす。

3 膜がはがれたら、スジと一緒に切り落とす。

4 同様に包丁で肉のつけ根にきっかけを入れ、膜をはがしていく。

5 裏面も同様に膜をはがす。

6 膜をきれいにはがしたら、厚さ1cm程度のそぎ切りにする。

串打ち

繊維の方向

7 ハラミは火を入れると繊維に対して垂直の方向に縮むので繊維と平行に串を打つ。

8 形のいいものを最後に打って、打ち終わり。

火入れ

9 焼き台にのせて酒をぬり、塩、コショウをふる。

10 強火で焼いていき、表面に焼き色がついたら面を返す。

11 3～4回面を返し、脂が肉の表面にぷくぷく出てきたら焼き上がり。

仕上がり

ざぶ

下処理・カット

1. 肉のつけ根に包丁をあてて、手で膜を引きはがす。
2. 裏面も同様に膜をはがす。
3. 残った膜やスジ、脂の塊を丁寧に取り除く。脂はある程度残す。（脂を残す）
4. 幅2cm程度に切る。

串打ち

5. 肉の繊維と垂直に、押しつぶしながら串を打つ。
6. ネギ（青）をつぶしながら打つ。
7. 肉、ネギ（白）、肉の順に打つ。
8. 打ち終わったらまな板において、上から押しながら形をととのえる。

火入れ

9. 焼き台にのせて塩をふり、強火で焼いていく。
10. すぐに焼き色がつくので、面を返す。
11. こまめに面を返していき、表面がこんがり色づいたら焼き上がり。
12. コショウを挽きかけて提供する。

仕上がり

あぶり清水

🍡 下処理・カット

脂を残す

1 手で膜をはがす。脂はすべて残す。

2 先のほうのスジを包丁で取り除く。脂は残す。

3 幅3cm程度に切る。

🍡 串打ち

4 最初に薄い部分をまるめながら波打ちにする。

5 次にヘタを取って半分に切ったシシトウを打つ。

6 続いて丸めた薄い部分、シシトウ、肉厚の部分2個を打つ。

🍡 火入れ

7 塩をふり、焼き台にのせて強火で焼いていく。

8 表面に焼き色がついたら面を返す。火が入りにくい先端は、焼き網に立てて火を入れる。

9 4面を順に焼いていく。

10 まんべんなく香ばしい焼き色がついたら焼き上がり。

仕上がり

付着した網脂と一緒に串打ち

チレ

〔脾臓〕ひぞう

レバと同様にクセがあり、食感も似ている。火を入れるとぼそっとした食感になりがちだが、表面に付着している網脂を一部残して一緒に串打ちすることで、ジューシーに仕上げることができる。別名「タチギモ」とも。

Point

● 仲垣
- 肉が縮まないように下茹でする
- 醤油の風味で香ばしく

● あぶり清水
- 濃厚なタレ味で提供
- シシトウをはさんで箸休めに

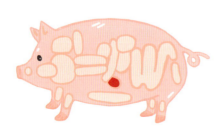

仲垣

下処理・カット

1 熱湯で12〜13分茹でる。水気を切る。

2 水気を切った状態。

3 脾臓に付着した余分な網脂を包丁で切り取る。

4 先端の硬い部分を切り落とし、幅4cm程度にサク取りする。

5 身が厚い部分は、半分に切る。

6 ❸で切り取った網脂を用意し、適度な大きさに切る。

7 端からきつく巻いていく。ゆるいと焼いているときに抜けるので注意。

8 まるめた網脂を幅4cm程度に切る。

串打ち

9 付着した脂を上にして脾臓に串を打つ。

10 次に巻いた網脂に打ち、脂を下にして脾臓に打つ。

11 続いて網脂、脂を下にした脾臓の順に打つ。

火入れ

12 焼き台にのせて酒をぬり、両面に塩をふる。

13 強火で焼いていき、表面に軽く焼き色がついたら面を返す。

14 何度か面を返して両面がこんがり焼けてきたら、刷毛で両面に醤油をぬる。

15 さっと両面を焼いて、醤油を焼きつけたら皿に盛る。

仕上がり

あぶり清水

下処理・カット

1 脾臓に付着した余分な網脂を切り取る。網脂は「あみレバ」（27ページ）などに使用。

2 端の硬い部分を切り落とす。

3 反対側も同様に切り落とす。

4 両先端の硬い部分も切り落とす。

5 幅3cm程度にサク取りする。

6 幅が広い部分は、縦半部分に切る。

7 切り終わり。

串打ち

8 脂がついた面を上にして2個串を打ち、ヘタを取って半分に切ったシシトウを打つ。

9 続いて、脾臓、シシトウ、脾臓を打って打ち終わり。

火入れ

10 焼き台にのせ、強火で焼いていく。

11 表面に焼き色がついたら面を返す。

12 串の下のほうにもまんべんなく火が入るように、串の上下を入れ替えて焼く。

13 全体的に香ばしく焼き色がついたらタレにくぐらせる。

14 焼き台にもどして両面をさっと焼き、タレを焼きつける。

15 再度タレにくぐらせて皿に盛る。

仕上がり

●「つなぎ」の解体（仲垣の場合）

「つなぎ」とは右の写真のように、豚の舌から気管、心臓、横隔膜などがつながった状態のもの。業者によっては、この状態で販売しているので、店で解体作業をする。

Before

❶ ハツ　❷ ハラミ
❸ ナンコツ　❹ タン

1　タンを根元で切り離す。

2　ハラミとハツを切り離す。膜を切って、肉を傷つけないように注意。

3　動脈の根元を切って、ナンコツからハツを切り離す。

After

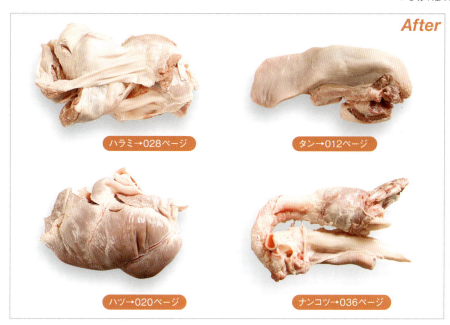

ハラミ→028ページ　　タン→012ページ

ハツ→020ページ　　ナンコツ→036ページ

さまざまな器官の集合体

ナンコツ〔軟骨〕

一般的に喉仏から気管にいたる部分を「ナンコツ」と呼ぶが、そこに続く動脈や食道などもあわせてとして商品化している店もある。声帯を「ノドブエ」、気管を「コリコリ」として提供したり、混ぜて串打ちしたりするなど、店によって個性が出やすい部位だ。

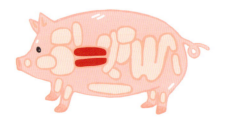

Point

● 仲垣
- 5つの部位を1本に交ぜて串打ち
- 中火でじっくり火をとおす

● ざぶ
- 部位を組み合わせて3種を提供
- 塩かポン酢でさっぱり仕上げる

● あぶり清水
- 喉ナンコツを単体で仕入れ
- 香ばしく焼いて食感を表現

●「ナンコツ」の解体・掃除（仲垣の場合）●

1 食道（シキン）と動脈を手で持って引き離す。

2 食道の根元に包丁を入れ、切り離す。

3 動脈と気管を手で引っ張って、引き離す。

4 気管の先のX型の骨のまわりに包丁を入れ、切り離す。

5 ノドブエのつけ根を切り離す。

6 気管の薄い膜に包丁で切れ目を入れ、手でむいていく。

7 動脈の表面に包丁の刃先で切れ目を入れる。

8 手で薄い膜をむく。

9 飛び出た血管を切り落とす。

10 食道を開く。

11 両面の薄い膜を手ではがす。

A 気管ナンコツ　B 食道（シキン）　C 動脈
D 喉ナンコツ（ノドブエ）　E 骨（不使用）

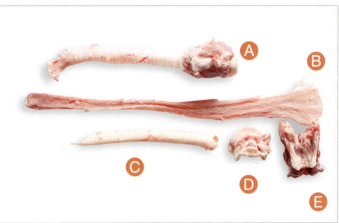

⇒次ページへ

仲垣

下処理・カット

1 気管とその先端のナンコツを切り離す。

2 ナンコツの外側の骨に沿って包丁を入れてはがす。反対側も同様にはがす。

3 はがしたナンコツ。

4 2等分にする。

5 2等分にした状態。

6 包丁の刃元を使ってたたく。7割くらいの深さに刃を入れるイメージ。

7 横に2等分にする🅐。

8 気管を幅3cmに切る🅑。

9 動脈から出ている細い血管を切り落とす。

10 幅3cmに切る🅒。

11 食道を幅3cmに切る🅓。

12 喉ナンコツ（ノドブエ）を2等分にする🅔。

串打ち

13 🅐に串を打ち、🅒を波打ちする。

14 次に🅓を波打ちする。

15 続いて🅑、🅔を打つ。

火入れ

16 焼き台にのせて酒をぬり、塩、コショウをふる。中火でじっくり焼いていく。

17 面を返しながら焼いていき、香ばしく色づいたら焼き上がり。

仕上がり

あぶり清水

🍢 下処理・カット・串打ち

1 喉ナンコツ（ノドブエ）を用意する。
2 端の硬い部分を切り落とす。
3 2等分にする。
4 波打ちにする。

5 その後も向きを揃えて、徐々に大きなものを順に波打ちにする。
6 打ち終わり。

🍢 火入れ

7 塩をふって焼き台にのせる。強火で焼いていき、焦げ目がついたら面を返す。
8 3〜4回面を返し、香ばしく焼き上げる。

仕上がり

ざぶ

下処理・カット

1 気管とその先端のナンコツを切り離す。

2 ナンコツの肉に包丁を入れて開く。

3 開いた状態。

4 ノドブエのまわりについた肉を包丁ではがす。

5 ノドブエに親指を差し入れてはずす。

6 はずした状態。 赤身ナンコツに使用 A

7 ノドブエのまわりの肉を包丁でこそげ取る B。

8 肉をこそげ取ったノドブエ。

9 ノドブエからつけ根を切りはずす C。

10 ノドブエを2等分にする D。

11 動脈に付着した膜を包丁で取り除く。細い血管も切り落とす。

12 幅2.5cmに切る E。

串打ち

13 E を打つ。

14 次に D を打つ。

15 続いて C を打つ。

16 最後に E を3個打つ。

火入れ

17 焼き台にのせて塩をふる。強火ですばやく焼いていく。

18 こまめに面を返し、全体に焼き色がついたらポン酢をかけて皿に盛る。

仕上がり

気管ナンコツ

1 ナンコツと切り離した気管。
2 幅2.5cm程度に切る。
3 内側の薄い膜に引っ掛けて串を打つ。
4 打ち終わり。

5 焼き台にのせて塩をふる。縮みやすいので、強火ですばやく焼いていく。
6 こまめに面を返して、全体に焼き色がついたら焼き上がり。

仕上がり

赤身ナンコツ

1 ノドブエからはずしたナンコツ Ⓐ を包丁の刃元でたたく。
2 ひと口大に切る。
3 ナンコツに串を打ち、ノドブエからそぎ落とした肉Ⓑをまるめて刺す。
4 最後にナンコツに串を打って打ち終わり。

5 焼き台にのせて塩をふる。こまめに面を返しながら強火で焼いていく。
6 こんがり色づいたら焼き上がり。レモン果汁をぬって皿に盛る。

仕上がり

弾力のある食感が特色

ガツ 〔胃袋〕

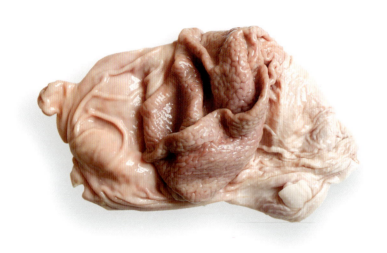

「白もの」（消化器系）のなかでも臭みが少なく、比較的食べやすい部位。弾力のある歯ごたえが特色で、さっぱりした味わい。身の厚い部分を「上ガツ」として提供する店もある。タレ焼きで提供することが多い。

Point

● 仲垣

・下茹でせずに生から焼く
・醤油味でさっぱり仕上げる

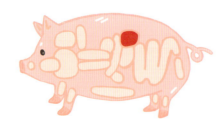

仲垣

下処理・カット・串打ち

1 たわしで胃袋の表面をこすって、粘りや汚れを取り除く。

2 胃袋の身の厚い部分と薄い部分を切り分ける。

ガツ　上ガツ　ガツ

3 切り分けた状態。薄い部分を「ガツ」、厚い部分を「上ガツ」として提供。

上ガツ

4 端の硬いスジを切り落とす。

5 幅5cm程度にサク取りする。

1 幅4cm程度にサク取りする。

2 ひと口大に切る。

6 食べやすいように、包丁の刃元で細かくたたく。ひと口大に切る。

7 表面の皮に引っ掛けるようにして波打ちする。

3 食べやすいように、包丁の刃元で軽くたたく。

4 最初は皮を下にして打ち、残り3個は皮を上にして打つ。

火入れ

8 焼き台にのせて酒をぬる。強火で焼いていく。

9 4～5回面を返し、両面がこんがり色づいたら醤油をぬって提供する。

5 焼き台にのせて酒をぬる。身が厚いので中火～強火でじっくり焼いていく。

6 5～6回面を返し、両面がこんがり色づいたら醤油をぬって提供する。

仕上がり

仕上がり

「腸系」の総称。タレ焼きが一般的

シロ〔小腸・大腸など〕

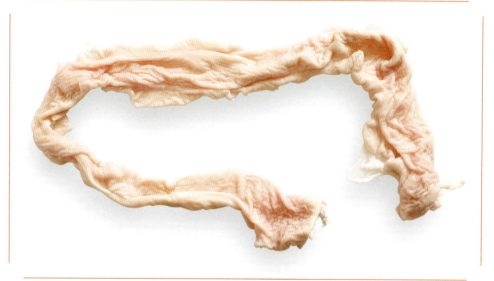

※写真は小腸

小腸や大腸、盲腸など、いわゆる「白もの」（消化器系）の総称であり、店によって使用する部位は異なるが、もつ焼き店で一般的なのは小腸と大腸。臭みがあるので下処理を行う必要がある。タレ焼きで提供することが多い。

Point

● 仲垣
・丁寧な下処理で臭みを取り除く

● ざぶ
・直腸の身の薄い部分を使用

● あぶり清水
・下茹でされた小腸を仕入れ
・厚い部分を「さんど」として提供

仲垣

🍢 下処理・カット

1 たわしでこすって小腸の汚れを落とす。水で流す。

2 2回茹でこぼし、1時間30分茹でる。

3 水気をふき取った状態。

4 まな板の上に広げて、幅4cm程度に切る。

🍢 串打ち

5 まな板に押しつけながら、波打ちする。

6 1個につき"山"が3つくらいできるように打つ。

7 打ち終わり。写真のように裏側を平らにすると、火が均等にあたるため焦げにくい。

🍢 火入れ

8 焼き台に裏側を下にしてのせ、酒をぬる。強火で焼いていく。

9 表面に焦げ目がつきはじめたら面を返す。

10 3～4回面を返し、全体的に焼き色がついたらタレにくぐらせる。

11 焼き台にもどし、面を返しながらタレを焼きつける。

12 再度タレにくぐらせて皿に盛る。

仕上がり

ざぶ

下処理・カット・串打ち・火入れ

1 下処理した直腸（52ページ参照）の身の薄い部分を使用。幅2cmに切る。

2 まるめて串を打つ。

3 打ち終わり。

4 焼き台にのせて強火で焼いていく。焼き色がついたら面を返す。

5 こまめに面を返し、両面に焦げ目がついてきたらタレにくぐらせる。

6 焼き台にもどしてさっと焼いてタレを焼きつけ、再度タレにくぐらせて皿に盛る。

仕上がり

あぶり清水

下処理・カット・串打ち

1 下茹でされたものを仕入れて、熱湯で15分茹でる。
※写真は直腸も一緒

2 氷水に落として洗い、ぬめりを取り除く。

3 小腸の先端に包丁を入れる。

4 同じくらい脂が残るように上下に切り離す。

5 面を返して端の身の薄い部分に包丁を入れる。

6 身の厚い部分と薄い部分を分けていく。

7 切り終わり。厚い部分は、脂をはさむように串打ちし、「さんど」として提供する。

8 ひと口大に切る。

さんど

9 まるめながら串を打つ。

10 打ち終わりは、先端をのばして串に巻きつけるように刺してとめる。

1 ❻で切り分けた身の厚い部分を脂を内側にして重ねる。

2 幅1.5cm程度に切る。

11 焦げないように端を切り揃える。

3 脂をはさむように、重ねたまま串を打つ。

4 打ち終わり。

火入れ

12 焼き台にのせ、強火で焼いていく。

13 表面に焼き色がついたら面を返す。均一に火が入るように上下を入れ替える。

5 焼き台にのせ、強火で焼く。焼き色がついたら面を返す。

6 3～4回面を返し、両面に焼き色をつけていく。

14 全体的に焼き色がついたら、タレにくぐらせる。

15 焼き台にもどして表面にタレを焼きつけ、再度タレにくぐらせて皿に盛る。

7 両面に焦げ目がついてきたら、タレにくぐらせる。

8 焼き台にもどしてタレを焼きつけ、再度タレにくぐらせて皿に盛る。

仕上がり

仕上がり

腸のなかで一番肉厚な部位

テッポウ〔直腸〕

腸のなかでももっとも肉厚な直腸を「テッポウ」と呼ぶ。肛門に近づくほど肉厚になっていき、手前の身の薄い部分は「シロ」として提供する店もある。シロと同様に下処理が必要で、タレ焼きが一般的だ。

Point

● 仲垣
・2度茹でこぼしてからボイル
・醤油味でさっぱりと仕上げる

● ざぶ
・ゴマ油入りの熱湯で下茹で
・身の薄い部分を「シロ」として提供

● あぶり清水
・下茹でされたものを仕入れ
・隠し包丁で食べやすく

仲垣

下処理・カット

1 包丁で内側に付着している汚れをこそげ取る。

2 さらにたわしでこすって汚れを落とし、水で流す。

3 2回茹でこぼし、さらに1時間茹でる。
※写真は小腸も一緒

4 水気をふき取った状態。

5 幅4cm程度にサク取りする。

6 ひと口大に切る。

串打ち

7 1個目は、厚みがあるほうが下にくるように打つ。

8 2個目以降は、厚みがあるほうが上にくるように打つ。

火入れ

9 焼き台にのせ、酒をふる。強火で焼いていく。

10 表面に焼き色がついたら面を返す。

11 何度か面を返し、きつね色になったら刷毛で両面に醤油をぬる。

12 醤油が香ばしく焼けてきたら、焼き上がり。

仕上がり

ざぶ

下処理・カット

1 ゴマ油を少量加えた熱湯で1時間30分茹でる。氷水に落とす。

2 水気をふき取り、端の硬い部分を切り落とす。

3 幅3cm程度にサク取りする。身の薄い部分は「シロ」として提供(48ページ参照)。

4 ひと口大に切る。

串打ち

5 焼いているときに安定するように、波打ちにする。

6 肉から串が少しだけ出るくらい。面を揃えて3個打つ。

7 打ち終わり。形をととのえる。

火入れ

8 焼き台にのせ、強火で焼いていく。

9 表面に薄く焼き色がついたら面を返す。

10 こまめに面を返し、両面がきつね色になったらタレにくぐらせる。

11 焼き台にもどして両面を焼き、再度タレにくぐらせる。

12 タレが焦げて両面がこんがり色づいたら、もう一度タレにくぐらせて皿に盛る。

13 山椒の粉をふって提供する。

仕上がり

あぶり清水

下処理・カット

1 下茹でされたものを仕入れ。熱湯で15分茹でて洗う。
※写真は小腸も一緒

2 キッチンペーパーで水気をふき取る。

3 端の硬い部分を切り落とす。

4 食べやすいように、身の厚い部分に隠し包丁を入れる。

5 幅の太い部分は縦に2等分にする。

6 ひと口大に切る。

串打ち

7 最初に身の薄い部分を2個波打ちする。

8 続いて身の厚い部分を2個打つ。

9 厚い部分は、脂と肉の間に串を打つ。

10 打ち終わり。

火入れ

11 焼き台にのせ、強火で焼く。

12 表面に焼き色がついたら面を返す。

13 3〜4回面を返し、均一に火が入るように、串の上下を入れ替える。

14 全体にまんべんなく焼き色がついたら、タレにくぐらせる。

15 焼き台にもどして、両面にタレを焼きつける。

16 再度タレにくぐらせて皿に盛る。

仕上がり

脂がのったジューシーな部位

トントロ 〔首肉〕
（Pトロ）

首付近の肉。脂が非常によくのっていて、ジューシー。「Pトロ」（＝ポークのトロ）と呼ぶ店もある。脂を適度に落としつつ、香ばしく焼き上げるといいだろう。

Point

● 仲垣
・切れ目を入れて食べやすく
・串を2本打って安定させる

仲垣

■ 下処理・カット

1 噛み切りやすいように、繊維と平行に深さ1cm程度の隠し包丁を入れる。

2 繊維に沿って幅4cm程度にサク取りする。

3 裏返し、厚さ1cm程度に切るⒶ。

4 半端なところは、幅1cm程度にそぎ切りし、中刺しⒷに使う。

■ 串打ち

5 Ⓐの繊維に対して垂直に1本目の串を打つ。

6 同様にⒷを2個程度打ち、最後にⒶの形のいいものを打つ。

7 まっすぐ打った1本目の串に対して、V字になるように2本目を打っていく。

8 打ち終わったら、詰めすぎを直して形をととのえる。

■ 火入れ

9 焼き台にのせ、刷毛で酒をぬる。塩、コショウをふる。脂で流れてしまうので、塩は強め。

10 強火で焼いていき、表面に焼き色がついたら、面を返す。

11 その後も4～5回面を返し、こんがりきつね色になったら焼き上がり。

仕上がり

旨味の強い筋肉質な赤身肉

ベンケイ 〔脛〕(すね)

脛の肉のため、筋肉質で筋も多い。硬めの食感なので食べやすくはないが、そのぶん旨味は強い。ただし、火を入れすぎるとさらに硬くなってしまうので、焼き加減はむずかしい。

Point
- あぶり清水
・硬くなるので火を入れすぎない

あぶり清水

下処理・カット

 1 スジが入っているところで2等分にする。

 2 端についているスジを切り落とす。

 3 表面を覆う膜を包丁で取り除く。

 4 縦半分に切って、幅2cm程度にサク取りする。

 5 ひと口大に切る。

串打ち

 6 肉の繊維に対して垂直に串を打つ。

 7 徐々に大きくなるように打っていく。

 8 詰まりすぎを直して形をととのえる。

火入れ

 9 両面に塩をふる。

 10 焼き台にのせ、強火で焼いていく。

 11 表面が色づいたら面を返す。

 12 続いて4面を順に焼いていく。火を入れすぎると硬くなるので注意。

仕上がり

シコシコとした独特の食感

オツパイ〔乳かぶ〕

脂肪が多く、非常にやわらかい肉質。火を入れると弾力が出て独特のシコシコとした食感になる。ミルキーな風味をほのかに感じることもできる。

Point
● ざぶ
・火を入れすぎずに食感を表現

ざぶ

下処理・カット

1. 表面に出ている乳首をまわりの肉と一緒に削ぎ落とす。
2. 表面の膜を包丁でそぎ落とす。
3. 裏面も同様に膜をそぎ落とす。
4. 幅2cm程度にサク取りする。

5. 左手で強く押して肉を張らせながら、厚さ1cmにそぎ切りする。

串打ち

6. 肉の中で細かく波を打つように串を打つ。
7. ネギ（青）をつぶしながら打つ。
8. 肉、ネギ（白）、肉の順番に串を打つ。

火入れ

9. 焼き台にのせ、塩をふる。強火で焼いていく。
10. 表面に焼き色がついたら面を返し、その後はこまめに返しながら焼く。
11. 両面にきれいに焼き色がついたら、タレにくぐらせる。
12. 焼き台に戻して、両面にタレを焼きつける。

13. こんがり色づいたら、再度タレにくぐらせて皿に盛る。

仕上がり

コリコリとした噛みごたえ

クチビル〔唇〕

文字どおり豚の唇。味わいはごく淡白で、コリコリとした食感が楽しめる。やや臭みがあるので、下茹でをするといい。タレ焼きがおすすめ。

Point

● あぶり清水

・下茹でして臭みを取り除く
・しっかり焼いて香ばしく仕上げる

あぶり清水

下処理・カット

1 熱湯で15分茹で、臭みをぬく。

2 氷水に落とし、洗いながら冷やす。

3 キッチンペーパーで水気をふき取る。

4 水気をふき取った状態。

5 つなぎ目を切る。

6 大きいものは2等分にする。

串打ち

7 小さなものから順に串打ちする。

8 上に行くに従い、大きくなるように串打ちする。

9 焼く前にコンロの火などでヒゲを焼き切る。

火入れ

10 焼き台にのせて強火で焼いていく。

11 表面に焼き色がついたら面を返す。

12 その後も数回面を返し、両面がこんがり色づいたらタレにくぐらせる。

13 焼き台にもどし、両面にタレを焼きつける。

14 再度タレにくぐらせて皿に盛る。

仕上がり

トロッとした口あたりの希少部位

ブレイン 〔脳味噌〕
（ブレンズ）

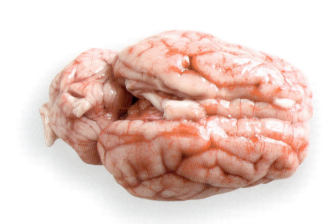

魚介の白子のような食感。上手に火を入れると、外はカリッと、中心はトロッと仕上げることができる。非常にやわらかいので、串打ち、火入れには技術が必要。

Point

● 仲垣
・大脳を開いて串打ち
・表面はカリッ、中はトロッと仕上げる

● ざぶ
・豚1頭分の脳味噌を1串に使用
・タレにくぐらせて濃厚な味わいに

仲垣

下処理・カット

1 小脳と大脳を切り離す。小脳は別に串打ちする。
2 大脳を左脳と右脳に切り分ける。
3 縦に包丁を中ほどまで入れて開く。
4 開いた状態。

串打ち

5 非常にやわらかく、くずれやすいので串を4本打つ。
6 端から順番に外に開くようにバランスよく打っていく。
7 打ち終わり。

火入れ

8 焼き台にのせて刷毛で酒をぬり、塩をふる。
9 強火で焼いていき、表面がきつね色になったら面を返す。
10 その後は面を頻繁に返して表面をこんがり、中心はトロッと焼き上げる。

仕上がり

ざぶ

下処理・カット

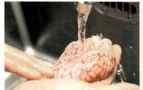
1 頭蓋骨の破片などが付着していることがあるので、流水で洗う。

2 脊髄から出ているスジを取り除く。

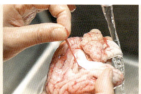
3 血管を取り除く。触りすぎるとダレるので、すばやく作業する。

4 水気をふき取り、小脳と大脳の間にある精髄を取り除く。

5 大脳を左脳と右脳に切り分ける。

串打ち

6 大脳の根元に串を打ち、一度側面に貫通させる。

7 大脳の先端をカーブさせて串を打ち、再度貫通させる。（S字になるように）

8 2本目の串をV字形になるように打って貫通させる。

9 串2本に小脳を刺す。

10 もう1つの大脳を根元から刺し、串2本を貫通させる。

11 打ち終わり。

火入れ

12 焼き台にのせて中火〜強火で、こまめに面を返しながらじっくり焼いていく。

13 こんがり色づいたらタレにくぐらせてさっと焼き、再度タレにくぐらせて皿に盛る。

仕上がり

もつ焼き Q&A

Q1 「もつ焼き」と「ホルモン焼き」「焼きとん」の違いは？

A 「もつ」とは「臓物」の略で、牛や豚、鶏などの内臓肉のことを指す。それを焼いた料理が「もつ焼き」である。一方でもつのことを「ホルモン」ということもある。これは内分泌のホルモンが由来とされており、もつとほぼ同義だが、関東では「ホルモン焼き」が七輪やロースターなどでカットした内臓肉を焼くスタイルを指すのに対し、「もつ焼き」は串に刺した状態で提供する場合を指すことが多い。また、この焼き鳥スタイルの「もつ焼き」のことを「焼きとん」と称することもある。なお、東京では「もつ」(ホルモン) といえば豚の内臓肉、大阪では牛の内臓肉を指すのが普通だが、これは両者の食肉文化の違いによるものと考えられる。

Q2 もつを仕入れるにはどうすればいいのか？

A もつのことを正式には「畜産副生物」という。と畜場や食肉センターと呼ばれる施設でと畜された牛や豚は、枝肉 (骨のついた状態の肉) とそれ以外の部分に分けられる。この「それ以外の部分」を「畜産副産物」といい、そのうち原皮 (なめしていない皮) を除いた部分を「畜産副生物」と呼ぶ。畜産副生物は、おもに専門の卸売業者が購入。業者は適宜、分割・成形などをして小売店や飲食店に販売する。したがって、国産豚のもつを仕入れるには、専門の卸売業者か小売店から購入する必要がある。もつ焼き店によっては、その日の朝にと畜したばかりの豚のもつを仕入れて提供しているが、朝挽きのもつは数が限られるので、こうした取引きをするためには業者との信頼関係を築く必要があるといえる。一方で外国産に関しては、比較的安価、かつ容易に購入することができるが、通常冷凍された状態で流通しているので、品質に関しては国産に劣るとされる。

Q3 もつにはどのような種類があるのか？

A もつには、胃、小腸、大腸などの消化器系と、肝臓や心臓などの循環器系があり、さらに頬肉、舌、横隔膜といった器官も含まれる。このうち消化器系を「白もの」、それ以外を「赤もの」と呼ぶのが一般的だ。とはいえ、もつの種類がいくつあるとは一概にいえるものではなく、レバ (肝臓)、ハツ (心臓)、ハラミ (横隔膜)、ガツ (胃) といった代表的な部位だけでなく、脛や乳房、唇といっためずらしい部位を商品化している店もある。また、同じ部位でも店によって区分の仕方や商品名が異なる場合もあるようだ。なお、豚の枝肉が背脂肪の厚さや肉つき、肉質などによって「極上」から「等外」まで5段階に分かれているのに対し、もつには格づけの指標が存在しない。加えて豚の種類による味の違いが、そこまで顕著ではないとされている。それよりもできるだけ新鮮なもつを仕入れ、かつ状態のいいものを見極める目利きが重要といえるだろう。

Q4 もつ焼き店で出すべき一品料理とは？

A もつ焼き店では「煮込み」を提供していることが多い。これは消費者に好まれるというだけでなく、店の都合という意味合いも大きい。もつ焼きの下処理をすると、どうしても串には使えない端肉やスジ、膜などが出てしまう。こうした部分をそのまま廃棄すればロスになってしまうが、これを一品料理として提供すれば原価の抑制につながるわけだ。煮込み以外でも、もつをミンチにしてつくねのように仕立てた商品を提供する店も少なくない。もつを余すところなく使えるようなメニュー設計も、もつ焼き店を成功させるためのカギになりそうだ。

Q5 もつ焼きを安全に提供するためには？

A 精肉にくらべて劣化が早いもつは、細心の注意をもって扱わなければならない。と畜場で取り出されたもつは、獣医師の資格を持つ検査員によって疾病や炎症などがないかチェックされたのちに卸売業者に引き渡される。業者は、消化管を切り裂いて内容物を除去。冷水で洗浄し、氷で急冷処理をするのが普通だ。卸売業者や小売店から仕入れたあとは、たとえわずかな時間であっても気温の高い場所に置かず、下処理も手早く行うように気をつけたい。また、豚のレバなどを生食するとE型肝炎ウイルスに感染する可能性があり、サルモネラ属菌やカンピロバクターといった食中毒のリスクも存在する。2015年6月からは食品衛生法によって豚の肉やもつを生食用として提供することが禁止された。「レバ刺し」などの生食の商品を販売できないのはもちろん、串に刺したもつ焼きであっても、かならず中心まで火をとおして提供することが必要になる。

参考文献：『畜産副生物の知識』(公益社団法人 日本食肉協議会)

第2部
串焼き最前線
~バラエティ串の商品開発と専門店の技~

博多串焼き

外食業界を賑わせているトレンドの1つが「博多串焼き」だ。文字どおり博多生まれの串焼きで、「豚バラ」や「牛さがり」、「しぎ焼き」といった串のほか、豚バラ肉のスライスで野菜などを巻いた「野菜巻き」が主力商品になっているのが特色だ。この野菜巻きはフルーツを巻いたり、旬の素材を使ったりと、メニューの幅を広げやすいのがメリット。基本の技術を押さえたうえで、独自性の高い商品を提供したい。

01 博多串焼き ハレノイチ

野菜巻きと肉系串を炭火で焼成

「ハレノイチ」では店名に冠しているとおり、博多スタイルの串焼きを提供。「しぎ焼き」や「豚バラ」といった福岡の焼き鳥店でおなじみのメニューと、「ネギ巻」をはじめとする野菜巻きをラインアップしている。後者に関しては、タケノコや春菊といった旬の野菜を用いたり、「焼きそば」や「スモークチーズ」などのアイデアメニューも揃える。

串焼きメニュー

黒ブタ串
- 豚バラ ……… 200円
- しろ ………… 180円
- なんこつ …… 180円

牛串
- さがり ……… 300円
- おしり ……… 350円
- ネギたん …… 350円

地鶏串
- しぎ焼 ……… 250円
- 砂ズリ ……… 150円
- せせり ……… 200円
- つくね ……… 230円
- 黒皮 ………… 180円
- レバー ……… 180円
- よつみ ……… 200円
- ぼんぢり …… 150円

野菜巻き串
- アスパラ巻 ………… 200円
- トマト巻 …………… 200円
- しそ巻 ……………… 200円
- れんこん巻 ………… 200円
- ネギ巻 ……………… 230円
- エリンギベーコンチーズ … 250円
- ほうれん草ベーコンチーズ … 250円
- ベーコンレタスチーズ … 250円

勝手串
- すきやき …………… 450円
- 焼きそば …………… 230円
- 焼売 ………………… 180円
- カプレーゼ ………… 280円
- スモークチーズ …… 200円
- 粗挽フランク ……… 300円

やさい串
- しいたけ …………… 250円
- アボカド …………… 200円
- ゆりのめ …………… 200円
- 銀杏 ………………… 200円
- ししとう …………… 180円
- いかだ ……………… 180円

※商品内容と価格は2018年12月現在

焼き台 Check

野菜巻き専門店では、ガスの焼き台を使うことも多いが、同店では炭火を使用。魚なども焼ける奥行きが長く、底の浅いタイプで、鉄棒を串幅に合わせて置いて使用する。野菜巻きに関しては、中火でじっくり火を入れるのが基本だ。

ハレノイチ's Style

火入れの前には霧吹きで酒を吹きかけて風味を高める（写真右）。塩（同左）は、優しい塩味の沖縄産「シママース」をベースに、岩塩、精製塩、さらに少量の旨味調味料をブレンドして使用。お客から要望がなければ、「しろ」などを除いて基本は塩焼きで提供。タレは甘口醤油を使ったトロッとしたタイプだ（つくり方は85ページ参照）。

INDEX

01 ネギ巻 →072ページ
02 しそ巻 →074ページ
03 ほうれん草チーズ →076ページ
04 豚バラ →078ページ
05 さがり →080ページ
06 しぎ焼 →082ページ
07 しろ →084ページ
08 梅いわし巻 →086ページ
09 トマト巻 →088ページ
10 焼きそば →088ページ
11 スモークチーズ →089ページ
12 巨峰巻 →089ページ

01

定番の野菜巻き。万能ネギを豚バラ肉できつく巻くことで、見た目もきれいで、かつ食べやすいひと口サイズに。

ネギ巻

仕込み

1 根元がとめてある状態の万能ネギを用意し、先のほう15cm程度を折り返す。

2 折り返した部分を輪ゴムで留める。

強く押しつける

3 根元をとめてあるテープをはずし、豚バラ肉のスライスを敷いたまな板に押しつける。

4 豚バラ肉の先端を巻きつける。

博多串焼き

5 万能ネギがばらけないように、きつくまな板に押しつけながら豚バラ肉を巻きつけていく。

6 豚バラ肉を1枚巻きつけたら、半分くらい重なるように、つぎの豚バラ肉を巻きつけていく。

7 これをくり返し、先端まできたらとめてある輪ゴムをはずす。

8 ばらけないように、先端に豚バラ肉をきつく2重に巻く。

9 同様に根元にも豚バラ肉をきつく巻きつける。

10 巻き終わった状態。カットしたときにばらけず、またひと口で頬張れるように、なるべくきつく、細く巻くのがコツ。

2 カット・串打ち

11 根元を切り落とし、幅2cmに切る。

12 下から細いもの、太めのもの、太くてネギがたっぷり入ったものの順に刺す。ひと口目がいちばんおいしく、かつ見た目がきれいになるように。

3 火入れ

13 霧吹きで酒を吹きかける。すべての面にまんべんなく塩をふり、中火で焼いていく。

14 断面を軽く焼いて面を返したら、写真のように豚バラ肉が巻いてある面を焼いていく。何度か面を返し、豚バラ肉がこんがり色づいたら焼き上がり。

02

しそ巻

豚バラ肉で大葉を巻き込んだ小ぶりの串。ジューシーな豚バラ肉と大葉のさわやかな香りがマッチする。

仕込み

1 まな板の上に豚バラ肉のスライスを広げて並べる。

2 豚バラ肉の切れ端を使って、隙間を埋めていく。

切れ端を使う

3 豚バラ肉の上に大葉を並べる。

4 なるべく隙間ができないように、上下を交互に並べるとよい。

（博多串焼き）

強く押しつける

5 豚バラ肉の端を持ち、まな板に強く押しつけながら巻いていく。

6 巻き終えたらラップ紙でくるんで、形をととのえる。

7 この状態で冷蔵庫に30分以上置き、形を固めると切りやすい。

カット・串打ち
2

8 端を切り落とす。

9 幅1cmに切る。

10 豚バラ肉の端にとおるように串を刺す。

火入れ
3

11 霧吹きで酒を吹きかけ、両面に塩をふる。焼き台にのせ、中火で焼いていく。

12 豚バラ肉から脂が出てきたら面を返す。豚バラ肉がこんがり色づいたら焼き上がり。

03

ほうれん草チーズ

カリッと焼き上げたベーコンとシャキシャキのホウレン草、トロッと溶けだしたチーズが三位一体になった定番の人気商品。

仕込み

1 ベーコンの上に2等分にしたスライスチーズをのせる。

2 ホウレン草の軸を切り落とし、ベーコンの幅に合わせてざく切りにする。

3 ホウレン草1株分をばらけないようにチーズの上にのせ、手で押さえる。

4 両手で押さえつけながらきつく巻いていく。

（博多串焼き）

5 ベーコンの端からはみ出たホウレン草を切り揃える。

6 巻き終わった状態。

2 串打ち

端が内側に

7 ベーコンの巻き終わりが内側になるように、串をV字に2本打つ。

3 火入れ

8 霧吹きで酒を吹きかけ、両面に塩をふる。片面を中火で焼いて、ベーコンに火が入ったら面を返して同様に火を入れて焼き上がり。

04

脂身と赤身のバランスがいい群馬県産「上州せせらぎポーク」をひと口サイズにカットして串打ち。カリッと香ばしく焼き上げる。

豚バラ

● カット

1

豚バラ肉のブロック（500g程度）の形をきれいな直方体にととのえる。端材はまかないなどに使用。

2

横に2等分にする。

3

串の幅

断面が幅2〜3cmの長方形になるように、縦に2等分にする。

4

幅1cmに切る。

博多串焼き

5
脂身部分の断面が正方形になるように、赤身と切り分ける。

2 串打ち

6
脂身と赤身のバランスがよくなるように、大1、中2、小1くらいのイメージでカットしたバラ肉4個を選んで計量する。1串30g程度のやや小ぶりのサイズとする。

7
串を利き手の親指と人差し指で持ち、タマネギの小片、豚バラ肉の小、中、中、タマネギ、大の順に刺していく。

肉の繊維の向き

8
刺し終わり。串を刺すときは、極力、脂身と赤身が交互になるようにする。

9
肉が縮んでいると火が均等に入りにくいので、指の腹で押しながら、詰まりすぎをを直す。

詰まりすぎを直す

3 火入れ

10
焼き台にのせ、霧吹きで酒を吹きかける。両面に塩をふる。

11
片面がきつね色になるまで中火で焼き、面を返す。

12
もう一方の面もきつね色になったら、さらに何度か面を返す。脂が適度に落ち、香ばしい焼き色がついたら焼き上がり。

05

さがり

博多の焼き鳥店の定番メニュー。旨味が強い赤身肉をジューシーに焼き上げる。一緒に打ったタマネギが箸休めの役割。

下処理・カット

1

「ハレノイチ」ではアウトサイドスカートを使用。キッチンペーパーで表面に付着した血をふき取り、手で膜をはがす。

2

膜をはがしながら、適宜、固いスジを包丁で切り落とす。

3

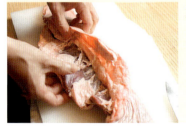

反対側も同様に膜をはがしてスジを切り落とす。

4

表面についた脂の塊を包丁でそぎ落とす。付着した脂は、ジューシーに仕上げるためにある程度残しておく。

博多串焼き

5　キッチンペーパーでくるみ、手のひらで強く押して余分な水分を抜く。

6　繊維に沿って、身の厚い部分は幅3cm、身の薄い部分は幅4〜5cmに切る。

7　厚さ2cmにそぎ切りにする。

🍢 串打ち

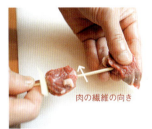

肉の繊維の向き

8　タマネギの小片、肉2個、タマネギ、肉の順番に串打ちする。肉の繊維に対して垂直に打つことで、串からはずれにくくする。

詰まりすぎを直す

9　指の腹で押しながら、肉の詰まりすぎをを直す。

🍢🍢 火入れ

10　霧吹きで酒を吹きかけ、両面に塩と黒コショウをふる。塩はやや控えめに。

11　中火で焼いていき、表面に色がついたら、面を返す。火を入れすぎると固くなるので、表面を炙る感覚。

12　もう一方の面にも焼き色がついたら、仕上げに溶かしバターを刷毛でぬり、風味をつける。

06

しぎ焼

博多串焼きの定番メニュー。ササミ1本を丸ごと1串に使用したボリューミーな一品。しっとりと焼き上げ、ワサビ醤油でさっぱりと仕上げる。

仕込み 1

1 ササミのスジの両側に包丁を入れる。

2 スジの根元に包丁を入れる。

3 スジを手で引っ張って取り除く。裏側の筋も同様に取り除く。

4 処理したササミは、鮮度を維持するために氷水に落としておく。

(博多串焼き)

2 ― 串打ち ―

5 キッチンペーパーで水気をしっかりふき取る。

6 ササミの細いほうを下にして串を打つ。

7 山が3つできるように波打ちする。

8 打ち終わり。

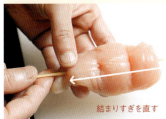

9 結まりすぎていると、火が入りにくいので指でならして形をととのえる。

結まりすぎを直す

10 噛み切りやすいように、繊維に対して斜めに隠し包丁を入れる。

3 ― 火入れ ―

11 霧吹きで酒を吹きかけ、両面に塩をふる。

12 片面を白っぽく色が変わるくらいまで中火でさっと焼いたら、面を返す。同様にさっと焼いたら焼き上がり。

13 皿に盛り、自家製のワサビ醤油をかける。

07

豚の小腸を使用。丁寧に下処理してからパリッと香ばしく焼き上げて、甘味のある濃厚なタレをからませる。

しろ

下処理・カット

1

1. ボウルに水を張り、豚の小腸を流水でしっかりもみ洗いする。

2. 水から3回ゆでこぼし、臭みを取り除く。

3. 長ネギの青い部分、ざく切りにしたショウガ、つぶしたニンニク各適量と一緒に1時間加熱する。

4. 粗熱を取って、水気をふき取る。この状態で冷凍しておくことも可能。

(博多串焼き)

5 身の厚い部分と中間部分は、幅2cmに切る。

6 さらに繊維に沿って2等分、もしくは3等分にする。

7 身の薄い部分は、幅2cmに切る。

8 身の厚い部分と薄い部分、その中間の3パターンに分ける。

2 串打ち

9 身の薄い部分を波打ちする。

詰まりすぎを直す

10 続いて、中間、厚い部分2つの順に串を刺し、間が詰まりすぎないように形をととのえる。

3 火入れ

11 霧吹きで酒を吹きかけ、中火で焼いていく。

12 こまめに面を返しながら、焼き色をつけていく。表面が香ばしく色づいたらタレにくぐらせて、さっと焼く。再度、タレにくぐらせて皿に盛る。

 タレのつくり方

1 ざく切りにしたタマネギ、ネギ、ショウガ、ニンニクを鶏油でしんなりするまで炒める。
2 酒とミリンを合わせて煮切る。
3 鍋に①、②、甘口醤油、上白糖、ザラメ、鶏ガラスープを入れて、20分加熱する。濾す。
4 ③にたまり醤油などを加えて調味し、20分煮る。

08

梅いわし巻

肉厚なイワシで大葉と練り梅を巻いて、皮目をパリッと焼き上げる。秋口にはサンマを使った串も提供する。

下処理 — 1

1 イワシの頭を切り落とす。

2 腹側に包丁を入れる。

3 尾を落とし、包丁を使って内臓を取り出す。

4 腹の中を氷水で洗う。

（博多串焼き）

5 手で中骨を取り除く。

6 縦半分に切り、腹骨を切り落とす。

2 仕込み・串打ち

7 イワシの半身に2等分にした大葉を重ね、市販の練り梅を絞る。

8 大葉と練り梅と一緒にイワシの半身を巻いていく。

9 巻き終わりが内側になるように、串を打つ。

10 同様にもう一方の半身も巻いて串を打つ。

巻き終わり

3 火入れ

11 霧吹きで酒を吹きかけ、両面に強めに塩をふる。

12 中火で焼いていき、皮目に焼き色がついたら、面を返す。

13 数回面を返し、両面の皮目がパリッとなったら焼き上がり。

09 トマト巻

ミニトマトを縦半分にカットした豚のバラ肉で巻いて串打ち。熱々に焼き上げる。かわいらしい見た目もあって、女性に人気。

1. 豚バラ肉のスライスを縦半分に切り、さらに2等分にする。
2. ミニトマトのヘタを取り、包丁の先を使いながらころがし、ベーコンを巻きつける **Ⓐ**。
3. ベーコンの切れ目をとめるように串を打つ **Ⓑ**。
4. 霧吹きで酒を吹きかけ、塩をふる。
5. 豚バラ肉が巻いてある面を交互に中火で焼き、豚バラ肉がこんがり色づいたら焼き上がり。

10 焼きそば

焼きそばを豚バラ肉で巻いて焼いたアイデア商品。マヨネーズと青ノリ、紅ショウガをのせて、屋台の商品のようなジャンクな味わいに。

1. 市販の焼きそばの麺を炒め、付属のソースで味つけする。粗熱を取る。
2. 適量を手のひらの上に取って俵形にととのえ **Ⓒ**、豚バラ肉のスライスで巻いていく。
3. 豚バラ肉の巻き終わりが内側にくるように2つ重ね、先がV字に開くように串を2本打つ **Ⓓ**。
4. 豚バラ肉が巻いてある面を交互に中火で焼く。途中、端から焼きそばがこぼれてきたら、はさみで切り落として形をととのえる。豚バラ肉がこんがり色づいたら焼き上がり。
5. 皿に盛り、ソース、マヨネーズをかけ、青ノリ、紅ショウガをあしらう。

博多串焼き

11 スモークチーズ

プロセスチーズをサクラチップで燻製にかけて串焼きに。チーズが溶けだす直前に提供するのがポイント。

1 中華鍋にアルミ箔を敷いてサクラチップをのせ、市販のプロセスチーズ<「ハレノイチ」では「Q・B・Bのベビーチーズ（プレーン）を使用>を並べた網をわたすE。

2 ボウルなどで中華鍋を覆い、弱火で2分程度燻製をかける。

3 煙が出てきたら火を止め、さらに2分おく。ボウルをはずし、粗熱を取るF。

4 縦に2つ並べて串を打つ。

5 霧吹きで酒を吹きかけ、チーズが溶けないように頻繁に面を返しながら、両面がぷくっと盛り上がるまで中火で焼く。

12 巨峰巻

巨峰を皮ごとベーコンで巻いて串焼きに。デザート感覚で食べられるフルーツの串は、旬の素材を使って通年用意している。

1 ベーコンを横半分に切り、さらに縦半分に切る。

2 包丁の先を使って巨峰をころがし、ベーコンで巻くG。

3 ベーコンの先端が内側にくるように、巨峰の中心に串を打つH。

4 霧吹きで酒を吹きかけ、塩をふる。

5 ベーコンが巻いてある面を交互に中火で焼き、ベーコンがこんがり色づいたら焼き上がり。

東京でもつ、あるいはホルモンといえば、豚をイメージされることが多いが、関西では牛のほうがメジャーだ。串焼きでも同様で、牛肉や牛ホルモンを串焼きスタイルで提供する店が少なくない。もつ焼き店の豚と同様にさまざまな部位を用意し、それぞれの味や食感の違いを楽しんでもらうことができる。また、牛は豚に比べてご馳走感があり、単価を取りやすいという利点がある。高価格帯の串焼き店としても牛串専門店は要チェックだ。

牛串

02 牛ホルモン串 吉村

1串25gの小ぶりの牛串を20品用意

「牛ホルモン串 吉村」では、常時20品の牛串メニューを用意。ロースやカルビといった精肉もあるが、そのほとんどが内臓肉だ。定番のタンやハラミ、レバーだけでなく、人気のマルチョウ、シマチョウ、さらにグレンス、フワといっためずらしい部位も揃える。串のサイズは1串25gと小ぶりなので、さまざまな部位を食べ比べることができる。

串焼きメニュー

おまかせ5串	900円
よくばり7串	1200円
タン	250円
ハラミ	250円
マルチョウ	250円
バラ	250円
カルビ	220円
ロース	220円
タンカルビ	220円
アゴ	220円
シマチョウ	220円
グレンス	180円
センマイ	180円
ネクタイ	180円
ツラミ	180円
アカセン	150円
コリコリ	150円
ハート	150円
チョクチョウ	150円
モウチョウ	150円
レバー	110円
フワ	110円

※商品内容と価格は2018年12月現在

焼き台 Check

熱源は炭火。串のサイズが小さいので、土佐備長炭の細割を使用して1.5段ほど組み、遠火の強火で火を入れていく。実際に火入れをする際には、作業性が高めるために焼き網をわたし、その上に串を並べる。こまめに面を返しながら、強火で5～6分程度をかけて手早く焼き上げていく。

吉村's Style

串はすべて焼く前におろしニンニクを加えた酒を刷毛でぬり（写真上）、臭みをマスキング。タンなどを除き、醤油ベースのあっさりとしたタレ（同上右）を焼きつけて提供する。加えて、麦味噌やヤンニョンジャンを合わせた味噌ダレ（同右）も用意し、アカセンなどの淡白な部位につけて食べるようにすすめる。

INDEX

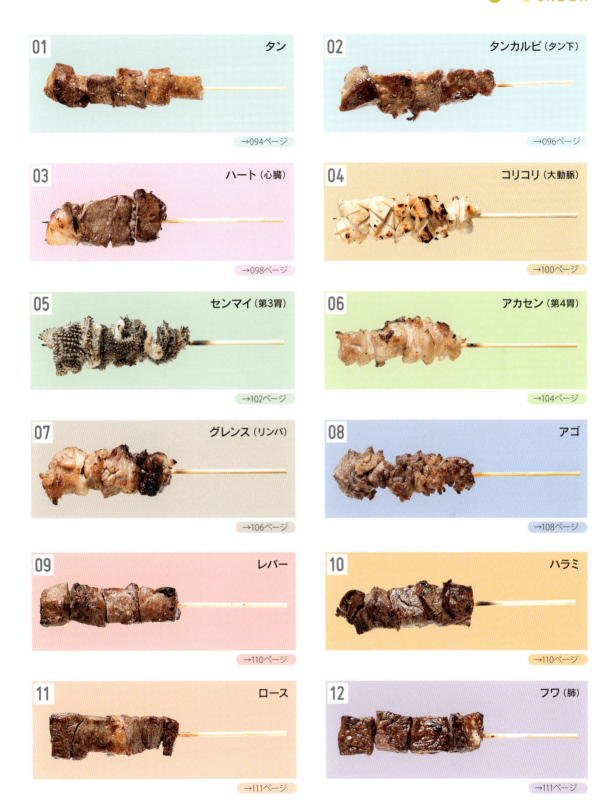

01

タン

老若男女に好かれる部位。ザクッという小気味よい食感とジューシーな味わいが特色。ほかの串はタレ焼きだが、タンは塩焼きで提供。

下処理・カット

1 牛のタンを用意。上部の「タン」と下部の「タンカルビ」(タン下)に分けて使う。

2 面を返し、上から2cmくらいを切り離す。

3 手前が「タン」、奥が「タンカルビ」(96ページ参照)。

4 タンを厚さ1.5cm、先のほうは硬いので厚さ1cmに切る。

牛串

5
切り終わり。上タン、タン中、タン先に分けて使う。

6
それぞれサイコロ状に切る。

7
切り終わり。

2 串打ち

8
肉の繊維に対して垂直に串を打つ。

9
下から、タン先、タン中、上タンの順に打っていく。

10
間が詰まりすぎないように形をととのえる。

3 火入れ

11
ニンニク風味の酒を刷毛でぬり、塩をやや強めにふる。

12
焼き台にのせ、強火で4面を順に焼いていく。表面に焼き色がついたら焼き上がり。皿に盛ってカットレモンを添える。

02

タンカルビ（タン下）

タンのなかでもとくに脂がのっていて、弾力が強い部分。ジューシーに焼き上げ、特製の醤油ダレを焼きつけて提供する。

下処理・カット

1

牛のタンから切り出したタン下を用意する（94ページ参照）。

2

包丁でスジを丁寧に取り除く。

3

縦半分に切る。

4

サイコロ状に切る。

(牛串)

2 串打ち

5 肉の繊維に対して垂直に串を打つ。

6 打ち終わり。

3 火入れ

7 ニンニク風味の酒を刷毛でぬり、塩をふる。焼き台にのせ、弱火で焼いていく。

8 串を90度回転させて、4面を順に焼く。

9 表面に焼き色がついたら、タレ（92ページ参照。以下同）にくぐらせる。

10 焼き台にもどして表面をさっと焼いたら焼き上がり。再度、タレにくぐらせて皿に盛る。

03

ハート（心臓）

サクッとした食感が特徴。「吉村」では心臓のまわりについているぶ厚い脂も一緒に串打ちし、ジューシーに仕上げる。

下処理・カット

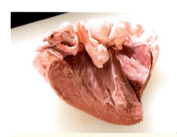

1 牛の心臓を用意する。写真は1頭分の3分の1程度の大きさ。

2 包丁でスジを取り除く。

3 掃除がしやすいように、適宜の大きさに切る。

4 表面の固い膜を取り除く。

(牛串)

5 串幅の2cmにサク取りする。

6 サイコロ状に切る。

7 心臓を覆う白い脂の塊を切り出す。

8 ひと口大に切る。

9 心臓と脂を用意する。

串打ち 2

10 繊維に対して垂直に串を打つ。

11 心臓を2〜3個打ち、脂を1〜2個打つ。

火入れ 3

12 ニンニク風味の酒を刷毛でぬり、塩をふる。焼き台にのせ、4面を順に強火で焼いていく。火を入れすぎると、ゴムのような食感になるので注意。

13 表面に焼き色がついたら、タレにくぐらせる。焼き台にもどして表面をさっと焼いたら焼き上がり。再度、タレにくぐらせて皿に盛る。

04

コリコリ（大動脈）

名前のとおり、コリコリとした食感。食べやすいように隠し包丁を入れてから焼き上げる。酸味も感じられる特製の味噌ダレと一緒に。

■ 下処理・カット

1

1 牛の大動脈を用意する。まわりに付着した脂は、それによってコクが出るので、取り除かない。

2 包丁を入れて円筒状の大動脈を開く。

3 開いた状態。

4 食べやすいように、開いた内側に格子状に隠し包丁を入れる。

牛串

5 深さは5mm程度。

6 串幅の3〜4cmにサク取りする。

7 幅3cm程度に切る。

8 切り終わった状態。

2 串打ち

9 脂が付着した面が内側になるように折りたたんで串を打つ。

10 詰まりすぎを直す。

3 火入れ

11 ニンニク風味の酒を刷毛でぬり、塩をふる。焼き台にのせ、強火で焼いていく。

12 面を返しながら焼いていく。下のほうは火が入りにくいので、傾けて網に押しつけながら火を入れる。

13 焦げ目がついたら、タレにくぐらせる。焼き台にもどして表面をさっと焼いたら焼き上がり。再度、タレにくぐらせて皿に盛る。

05

センマイ（第3胃）

まるめてから1cm幅にカットして串打ち。ザラザラとした独特の歯ざわりで、脂肪が少なく淡白な味わい。鉄分や亜鉛が豊富に含まれる。

1 下処理・カット

1 牛の第3胃（掃除したもの）を用意する。

2 ヒダを数枚ぶんずつに切る。

3 筒状にまるめる。

4 まるめた状態。

5 幅1cmに切る。

（牛串）

2 ━ 串打ち

6 巻き終わりをとめるように、串を打っていく。

7 打ち終わり。

3 ━ 火入れ

8 ニンニク風味の酒を刷毛でぬり、塩をふる。焼き台にのせ、強火で焼いていく。

9 面を返しながら焼いていく。焼き色がついてきたら、タレにくぐらせ、焼き台にもどす。水分が多く、味が薄く感じられるので、4〜5回くり返す。

10 表面が茶色になったら焼き上がり。最後にもう一度タレにくぐらせて皿に盛る。

06

アカセン（第4胃）

第1から第3の胃に比べるとやわらかく、脂肪が多い。「コリコリ」と同様に味噌ダレとの相性がいい。「ギアラ」とも。

下処理・カット

1 牛の第4胃を用意する。茶色くドロドロした汚れは、食べかすなどなので、きれいに洗い流す必要がある。

2 スプーンを使い、汚れを丁寧にこそげ取る。白い脂を一緒にこそげ取らないように注意する。

3 流水できれいに洗い流す。

4 掃除を終えた状態。

（牛串）

5
串幅の3cmにサク取りする。

5
ひと口大に切る。

2 ─ 串打ち

6
まるめて波打ちにする。

7
詰まりすぎを直して、形をととのえる。

3 ─ 火入れ

8
ニンニク風味の酒を刷毛でぬり、塩をふる。焼き台にのせ、強火で焼いていく。

9
脂を適度に落としつつ、面を返しながら焼いていく。焼き色がついてきたら、タレにくぐらせ、焼き台にもどす。

10
表面に焼き色がついたら焼き上がり。再度、タレにくぐらせて皿に盛る。

07

グレンス（リンパ）

噛み応えのある赤身肉にたっぷりの脂が付着している部位。脂と赤身をバランスよく串打ちし、ジューシーに焼き上げる。

下処理・カット

1 牛のリンパを用意し、掃除をしやすいように3〜4cmの幅に切りだす。

2 包丁でスジや膜を切り落とす。

3 反対側の硬い膜を切り落とす。

4 食べやすいように隠し包丁を入れる。

(牛串)

5
深さは2cm程度。

6
幅1cmに切る。

7
赤身の部分と脂のついている部分を用意する。

串打ち

9
肉の繊維に対して垂直に串を打つ。

10
いちばん火が入りやすい先端に脂がくるように打つ。

火入れ

11
ニンニク風味の酒を刷毛でぬり、塩をふる。焼き台にのせ、強火で焼いていく。

12
脂が落ちすぎないように、頻繁に面を返しながら焼く。焼き色がついたら、タレにくぐらせ、焼き台にもどす。再度、タレにくぐらせて皿に盛る。

08

アゴ

文字どおり、めずらしい牛のアゴの部分。肉質が硬いので、肉がボロボロになるまで隠し包丁を入れ、巻きつけるように串打ちする。

下処理・カット

1 牛のアゴ肉を用意する。

2 表面の黒いヒダの下に包丁を入れる。

3 そのまま切り落とす。

4 側面の硬い膜を切り落とす。

（牛串）

5 肉質が非常に硬いので、隠し包丁を深く入れる。

6 さらに格子状に包丁を入れる。

7 包丁を入れた状態。肉の繊維をずたずたに断ち切るイメージ。

7 ひと口大に切る。

2 串打ち

8 肉をまるめながら串に打つ。

9 焼くときに串からはずれないように、巻きつけながら打っていく。

10 手で軽くにぎって成形する。

3 火入れ

11 ニンニク風味の酒を刷毛でぬり、塩をふる。焼き台にのせる。転がしながら表面を強火で焼いていく。

12 焼き色がついたら、タレにくぐらせ、焼き台にもどす。軽く焼きつけ、再度、タレにくぐらせて皿に盛る。

09 レバー

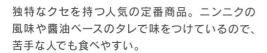

独特なクセを持つ人気の定番商品。ニンニクの風味や醤油ベースのタレで味をつけているので、苦手な人でも食べやすい。

1. 牛の肝臓を氷水で洗い、血を流す。掃除しやすいように、適宜の大きさに切る。表面に付着した膜を包丁で切り落とす。
2. 幅2cm程度にサク取りし、サイコロ状に切る。この際、血合いがあればそのつど取り除く。串を打つ❶。
3. ニンニク風味の酒を刷毛でぬり、塩をふる。焼き台にのせ、4面を順に強火で焼いていく。
4. 表面に焼き色がつき、固まってきたらタレにくぐらせる。焼き台にもどして表面をさっと焼いたら焼き上がり。再度、タレにくぐらせて皿に盛る。

10 ハラミ

焼肉でもおなじみの部位。適度に脂が付着したジューシーな赤身肉。しっかりとした歯ごたえで、旨味も十分にあり、万人に好かれる。

1. 牛のハラミの表面の膜をはがす。包丁できっかけを入れると、手で簡単にはがすことができる❸。
2. 表面に付着した脂の塊とスジを切り取る。この際、ジューシーに仕上げるために、脂はある程度残しておく❹。
3. 幅2cm程度にサク取りし、サイコロ状に切る。繊維に対して垂直に串を打つ。
4. ニンニク風味の酒を刷毛でぬり、塩をふる。焼き台にのせ、面を返しながら強火で焼いていく。
5. 表面に焼き色がついたら、タレにくぐらせる。焼き台にもどして表面をさっと焼いたら焼き上がり。火を入れすぎると硬くなるので注意。再度、タレにくぐらせて皿に盛る。

（牛串）

11 ロース

サシの少ない赤身肉。スジや脂などはほかの料理に使い、串には上質な部分だけを使用。火を入れすぎないように、やわらかく仕上げる。

1 牛のロース肉を適宜の大きさに切り出し、スジや膜を掃除する **E**。脂が多い部分は、煮込みなどの一品料理に使う。

2 幅2cm程度にサク取りし、サイコロ状に切る。繊維に対して垂直に串を打つ **F**。

3 ニンニク風味の酒を刷毛でぬり、塩をふる。焼き台にのせ、4面を順に強火で焼いていく。

4 表面に焼き色がついたら、タレにくぐらせる。焼き台にもどして表面をさっと焼いたら焼き上がり。再度、タレにくぐらせて皿に盛る。

12 フワ（肺）

肉質はやわらかく、味わいはややクセがある。ところどころに気管がとおっており、それが食感のアクセントとなる。

1 牛の肺を適宜の大きさに切り出し、包丁を使いながら表面の膜をはがす **G**。食感に変化をつけられるので、気管は掃除せずに残す。

2 幅2cm程度にサク取りし **H**、サイコロ状に切る。繊維に対して垂直に串を打つ。

3 ニンニク風味の酒を刷毛でぬり、塩をふる。焼き台にのせ、4面を順に強火で焼いていく。

4 表面に焼き色がつき、気管から泡が出てきたらタレにくぐらせる。焼き台にもどして表面をさっと焼いたら焼き上がり。再度、タレにくぐらせて皿に盛る。

創作串

串焼きは、酒を飲みながらつまむのに非常に適したスタイルだ。それだけに、これまでさまざまな創意工夫がなされてきた。とはいえ、ものめずらしいだけ、見た目のインパクトがあるだけでお客の支持を得られるわけもなく、高品質、かつオリジナリティにあふれた商品開発が求められる。ここに掲載している商品やそのつくり方を参考にして、長く親しまれるような独自の串焼きを生み出してほしい。

創作串

03 串焼 博多 松介（まつすけ）

ワインと好相性のソースで食べる串焼き

「ワインと合う串焼き」が「串焼博多 松介」のコンセプト。素材は鶏、豚、牛、魚など幅広く揃える。「もも」や「白肝」「豚バラ」のようなオーソドックスな商品も用意する一方で、豚バラ肉で野菜などを巻いた串や、そこにソースを合わせた独自性の高いアイテムもラインアップ。看板商品としては「特製ねり」（126ページ）を打ち出している。

串焼きメニュー

鶏
- 松介特製ねり……380円
- 鶏皮……150円
- こころ……180円
- こころのこり……180円
- ボン尻……190円
- 笹身……190円
- 砂ずり……190円
- 白肝……230円
- 肉付きヤゲンナンコツ……250円
- 手羽先……260円

豚
- 糸島豚バラ……280円
- 糸島豚ソーセージ……300円
- 八丁味噌バラ……300円

牛
- 牛さがり……350円
- 牛タン……480円
- 和牛ロース……680円

その他
- 鴨串……280円
- 骨付きラム……680円
- カマンベールチーズ串……290円

巻物
- 博多とろ玉……250円
- モッツァレラトマト巻……340円

野菜
- ピーマン……180円
- ししとう……200円
- 長ねぎ……200円
- 銀杏……200円
- じゃがバター串……200円
- 椎茸……250円
- アスパラと厚切りベーコン串……320円

魚介
- 真鯛串……350円
- モッツァレラチーズのサーモン巻……350円

※商品内容と価格は、2018年12月現在の春吉店のもの

焼き台 Check

奥行き50cm程度の大型の電気式を設置。串の形が不揃いで、とくに看板商品の「特製ねり」を焼くには、炭火よりも火力が安定している電気式のほうが適しているという。営業中は2人の焼き手が向き合って火入れをする。

松介's Style

ワインとマッチさせるため、たとえばモッツァレラトマト巻にはジェノヴェーゼソースをかけるなど、創作串にはソースを合わせて提供する。ソースは常時10種類を自家製している。写真はフレッシュトマトソースやジャポネソースなど。

INDEX

01 モッツァレラトマト巻

→116ページ

02 しそ明太チーズ巻

→118ページ

03 アボカド豚巻

→120ページ

04 真鯛串

→122ページ

05 博多とろ玉

→124ページ

06 特製ねり

→126ページ

07 もも

→128ページ

08 白肝

→130ページ

09 しいたけの豚巻

→132ページ

10 エリンギの豚巻

→132ページ

11 骨付きラム

→133ページ

12 焼きおにぎり

→133ページ

01

大ぶりにカットしたトマトを豚バラ肉で巻いて串打ち。バラ肉はこんがり、トマトは熱々に焼き上げ、ジェノヴェーゼソースをかける。

モッツァレラトマト巻

仕込み

1 トマトのヘタを切り取る。

2 縦に3等分にする。

3 モッツァレラチーズを挟みやすいように、中央に深さ2cm程度の切り込みを入れる。

4 三角形に切ったモッツァレラチーズをトマトの切り込みに挟む。

(創作串)

5 豚バラ肉のスライスでトマトを端から巻いていく。

6 隙間ができないように、ぴったり巻きつけるのがポイント。

7 巻き終わり。

🍢 串打ち　2

8 豚バラ肉の巻き終わりの部分を串でとめるようにして外側に向かって串を打つ。

9 同様に反対側も外側に向かって串を打ち、焼き手やお客が持ちやすいようにV字に仕上げる。

🍢🍢 火入れ　3

10 霧吹きで酒を吹きかけ、塩をふる。焼き台にのせ、強火で焼いていく。

11 豚バラ肉に焼き色がついたら面を返す。その後も何度か面を返し、豚バラ肉がこんがり色づいたら焼き上がり。

12 皿に盛り、黒コショウを挽きかける。ジェノヴェーゼソースをかける。

 ジェノヴェーゼソース

1 バジル、パセリ、大葉、ニンニク、オリーブオイル、塩、コショウを合わせる。
2 ミキサーにかけ、なめらかになるまでまわす。

02

しそ明太チーズ巻

博多名物の明太子を使った一品。豚バラ肉で大葉とチェダーチーズのスライス、辛味がしっかりある明太子を巻いた。

仕込み

1. 豚バラ肉のスライスの上に縦半分に切った大葉をのせる。

2. 大葉の上に半分に切ったチェダーチーズ（スライス）とひと口大に切った明太子をのせる。

3. チェダーチーズで明太子を巻く。

4. さらに豚バラ肉で巻いていく。

（創作串）

5
巻き終わり。

2 串打ち

6
豚バラ肉の巻き終わりをとめるように、やや外側に向けて串を打つ。

7
焼き手やお客が持ちやすくするため、同様に外側に向けてV字になるように2本目を打つ。

3 火入れ

8
霧吹きで酒を吹きかけ、焼き台にのせ、強火で焼いていく。明太子に味がついているので、塩はふらない。

9
チェダーチーズが溶けて落ちないように、こまめに面を返しながら焼いていく。

10
焼きすぎるとチェダーチーズが溶けてしまうので、最後はバーナーで豚バラ肉だけを炙って仕上げる。

03

アボカド豚巻

女性を意識して商品化。ひと口大にカットしたアボカドを豚バラ肉で巻いて焼き、酸味が効いたフレッシュトマトソースと一緒に。

仕込み

1 アボカドに切り込みを入れて縦半分に割り、種を抜く。斜めに2等分にする。皮をむく。

2 半分に切った豚バラ肉でアボカドを巻く。

3 巻き終わり。

創作串

🔸 串打ち

4 2つのアボカドの向きが互い違いになるように、外側に向けて串を打つ。

5 焼き手やお客が持ちやすくするため、同様に外側に向けてV字になるように2本目を打つ。

🔸 火入れ

6 霧吹きで酒を吹きかけ、塩をふる。火が入りやすいように、2つのアボカドの間を開けて焼き台にのせ、強火で焼いていく。

7 豚バラ肉に焼き色がついてきたら、面を返す。

8 焦げができたら、はさみで切り取る。

9 何度か面を返し、豚バラ肉がこんがり焼けたら焼き上がり。

10 皿に盛り、黒コショウを挽きかける。フレッシュトマトソースをかける。

 フレッシュトマトソース

1. トマトを湯むきし、皮と種を取り除く。
2. みじん切りにして水分をきる。
3. すりおろしたニンニク、オリーブオイル、塩、コショウと合わせる。

04

真鯛串

新鮮な真鯛をサイコロ状にカットして串焼きに。溶かしバターとジェノヴェーゼ、フレッシュトマトの2種のソースを合わせた。

下処理・カット　1

1 マダイの半身を用意する。

2 包丁で腹骨を切り取る。

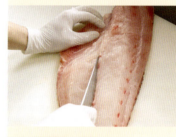

3 中心で2等分にし、サク取りする。

4 1辺2cm程度のサイコロ状に切る。

創作串

🍢🍢 串打ち　　　　　　　　　　　　　　　　2

5
皮目を上にしてテッポウ串を打つ。

6
打ち終わり。

🍢🍢🍢 火入れ　　　　　　　　　　　　　　　3

7
霧吹きで酒を吹きかけ、塩をふる。皮目を下にして焼き台にのせ、強火で焼く。

8
皮目がパリッとしてきたら面を返す。

9
続いて両側面を焼き、4面にしっかり火が入ったら焼き上がり。

10
皿に盛り、溶かしバター、フレッシュトマトソース（121ページ参照）、ジェノヴェーゼソース（117ページ参照）をかける。

05

博多とろ玉

半熟卵を豚のバラ肉で覆い、2本の串をとおして焼成。濃厚な甘さのあるタレにくぐらせながら焼いた人気のオリジナル商品だ。

◆ 仕込み

1 半熟卵をつくり、粗熱を取る。

2 豚バラ肉で巻いていく。まずは卵を横にしてひと巻きする。

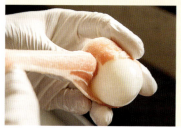

3 続いて横にずらしてもうひと巻きする。

4 そのまま卵の向きを変え、縦に巻いていく。

(創作串)

5
豚バラ肉で完全に卵を覆ったら巻き終わり。

2 串打ち

6
卵の側面の豚バラ肉に串を打って貫通させる。このとき、卵を傷つけないように注意する。

7
反対側にも同様に、V字になるように串を打つ。

3 火入れ

8
焼き台にのせ、強火で焼く。豚バラ肉が色づいたら面を返す。

9
豚バラ肉がまんべんなく色づいたら、タレにくぐらせる。

10
焼き台にもどしてタレを焼きつける。

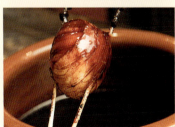

11
⓾、⓫の工程を4〜5回くり返したら焼き上がり。

タレ

1. 鍋に九州醤油、ミリン、酒、砂糖、タマネギ、ニンジン、ネギ、ニンニク、焼いた鶏ガラを入れ、3時間加熱する。適宜、アクを引く。
2. 濾す。

06

特製ねり

鶏のミンチをほかの材料と合わせて手でこね、串に刺す。それを外はカリッと中心はふわっと焼き上げた「松介」の看板商品。

仕込み

1
鶏のミンチ、鶏の軟骨のミンチ、タマネギ、全卵、パン粉、ニンニク、酒、塩を用意する。

2
材料をボウルに入れて練る。

3
ボウルの内側から外側へ押しつけるように練ることで、独特のふわっとした食感に仕上がる。

強く押しつける

4
15分くらいこねて全体が白っぽくなり、粘り気が出てきたらこね終わり。

創作串

5
1個あたり68gに計量する。バットと手にゴマ油をぬっておくとくっつかずに作業しやすい。

6
焼いたときに割れにくくするために、両手を行き来させて空気を抜き、丸く成形する。

7
丸く成形した状態。

8
手の平を使って俵形に成形する。

9
先が2本に分かれた太めの串を打つ。

10
下のほうのミンチをのばして串のまわりになすりつけ、なめらかな逆涙滴形に成形する。

2 火入れ

11
まんべんなく表面に塩をふり、焼き台にのせる。

12
強火で焼いていき、表面が固まったら面を返す。この後は焦げないように頻繁に面を返す。

13
こんがりきつね色に焼き色がついたら焼き上がり。

07

もも

肉厚の鶏モモ肉を皮つきのまま大ぶりにカットして串打ち。皮目はパリッと、肉はジューシーに焼き上げた定番商品。

下処理・カット

1 開いた鶏のモモ肉（皮つき）を1枚用意し、保鮮紙でドリップをふき取る。包丁でスジを取り除く。

2 ソリレス（モモのつけ根部分の肉）を切り離す。

3 幅3cm程度にサク取りする。

4 ひと口大に切る。

創作串

串打ち

5 皮目の端に串を打つ。

6 そのまま肉に串を貫通させる。

7 皮目のもう一方を伸ばして貫通させる。火を入れると縮んでしまうので、このとき皮がピンと張るように打つのがポイント。

8 打ち終わり。

火入れ

9 霧吹きで酒を吹きかけ、塩をふる。皮目を下にして焼き台にのせ、強火で焼く。

10 皮目にこんがり焼き色がついたら、面を返す。

11 肉側の面もきつね色になったら、網の上に移して中火でじっくり火を入れていく。

12 側面にも火が入るように串を90度回転させて4面を焼いていく。

13 串を刺して温度を確かめ、中心まで温まっていたら焼き上がり。

08

白肝

鶏の白レバー（脂肪肝）を贅沢に使用。こんがりと焼き上げて、レバテキ風にゴマ油と青ネギをかけて提供する。

下処理・カット　1

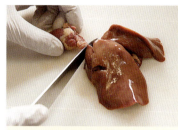

1 鶏の白レバー（脂肪肝）を用意し、保鮮紙でドリップをふき取る。心臓を切り離す。

2 端の硬い部分を切り落とす。

3 幅2cm程度の直方体に切る。

4 スジや血管が出てきたら、そのつど取り除く。

5 切り終わり。

創作串

2 ━ 串打ち

5 白レバーの先のほうに串を打つ。

6 そこから波打ちしていく。

7 3〜4切れ打ったら、形をととのえる。

3 ━ 火入れ

9 霧吹きで酒を吹きかけ、塩をふる。

10 焼き台にのせ、焦げやすいので頻繁に面を返しながら強火で焼いていく。

11 焦げができたら、はさみで切り落とす。

12 白肝はパサつきにくいので、中心までしっかり火を入れる。表面が固まったら焼き上がり。皿に盛り、ゴマ油をかけてきざんだ青ネギをのせる。

09 しいたけの豚巻

シイタケに豚バラ肉を巻いて串打ち。香ばしく焼き上げ、タマネギベースと醤油ベースのジャポネソースをかけて提供。

1. シイタケの軸を取り、豚バラ肉のスライスを半分に切る。
2. シイタケの裏側で交差させるように豚バラ肉を巻く❹。
3. 豚バラ肉を巻いたシイタケ2個に串を打つ。間にシシトウを挟む❺。
4. 霧吹きで酒を吹きかけ、塩をふる。焼き台にのせる。豚バラ肉に焼き色がついたら、面を返す。
5. 何度か面を返し、豚バラ肉がこんがり焼けたら焼き上がり。皿に盛り、黒コショウとジャポネソース＊をかける。

＊ジャポネソース
タマネギのみじん切りに、甘口醤油、米酢、グレープシードオイル、練りガラシ、塩、コショウを合わせたもの

10 エリンギの豚巻

縦に3等分した大ぶりのエリンギに豚バラ肉を巻いて串打ち。仕上げにアンチョビバターをかけて、白ワインに合うような仕立てに。

1. 大きめのエリンギの根元を切り取り、縦に3等分にする。
2. 豚バラ肉のスライスを傘側からすき間ができないように巻いていき❸、焦げないように軸を覆う。
3. 軸のほうから串を刺す❹。
4. 霧吹きで酒を吹きかけ、塩、コショウをふる。焼き台にのせ、豚のバラ肉がこんがり色づくまで焼いていく。
5. 皿に盛り、アンチョビバターをかける。カットレモンを添える。

創作串

 11

 12

骨付きラム

骨付きの仔羊に串を打って火入れ。フォン・ド・ヴォーベースの赤ワインソースを流して、洋風の串焼きに。

1. 仔羊の背肉（骨つき）を用意し、包丁を使って肉にかぶっている脂をはがす E 。骨1本分に切り分ける。
2. 骨のつけ根から串を交差させるように2本打つ F 。
3. 霧吹きで酒を吹きかけ、塩をふる。焼き網の上にのせ、中火でじっくり焼いていく。
4. 焼き色がついたら面を返し、中心まで火を入れる。串を刺して中心まで火がとおっていることが確認できたら焼き上がり。皿に盛り、赤ワインソース＊をかける。

＊赤ワインソース
砂糖をカラメル状にし、赤ワインを加えて半量になるまで煮詰める。そこにフォン・ド・ヴォーを加え、調味したもの

焼きおにぎり

ご飯を串にまとわせて逆円錐型に成形。甘みのあるタレをからませながら焼き、仕上げに溶かしバターかけて、大葉をトッピング。

1. ご飯を俵形に成形し、割りばしに刺す。
2. 両手を使って下をのばし、円錐形に成形する G 。
3. 焼き台にのせ、転がしながら焼いていく。
4. 焼き色がついたらタレ（125ページ参照）にくぐらせ、焼き台にもどす。この工程を5〜8回くり返し、タレを焼きつける H 。
5. こんがり焼けたら、焼き海苔を敷いた皿に盛り、溶かしバターをかけてきざんだ大葉をのせる。

 E

 F

 G

 H

掲載店紹介

スタミナ串焼き 仲垣

2012年9月に東京・目黒にオープン。オーナーの仲原和伸氏は、老舗もつ焼き店グループなどで経験を積んで独立。毎朝、芝浦と場から仕入れる新鮮なもつを丁寧に下処理・串打ちし、その日のうちに売り切っている。店内は木のぬくもりが感じられる温かみのある空間で、主客層は30〜40代の男女だ。

SHOP DATA
東京都品川区上大崎2-14-3 三笠ビル2F
☎03-6721-7329
営業時間／17時〜24時（L.O.23時30分）
定休日／日曜
客単価／4500円
席数／カウンター12席、テーブル16席

やきとん ざぶ

東京・渋谷の「やきとん 大地」などで研鑽を積んだ鈴木祐三郎氏が、2015年4月に同・青山にオープン。もつ焼き店としては高めの価格設定で、客単価は6000円。女性客を意識した「ねぎまスタイル」のもつ焼きのほか、一品料理も豊富に揃える。来店客の男女比率は半々で、女性グループの来店も多い。

SHOP DATA
東京都渋谷区渋谷2-2-1 青山グリーンプラザ201
☎03-5778-3629
営業時間／17時〜24時
定休日／日曜・祝日
客単価／6000円
席数／カウンター12席、テーブル10席、個室8席

あぶり清水 水道橋店

清水洋輔氏が2008年に「炭火居酒屋 清水-Aburi-」（東京・新橋、現「あぶり清水」総本店）をオープンして創業。現在、「清水」ブランドでもつ焼き店を中心に7店を展開する。水道橋店は2018年9月にオープン。大ぶりのもつ焼きを140円〜の手ごろな価格で販売し、近隣のオフィスに勤める会社員を中心に支持を集めている。

SHOP DATA
東京都千代田区神田三崎町2-13-7 AYASUIDOUBASHI1F
☎03-6256-9818
営業時間／11時30分〜24時、金曜・祝前日11時30分〜翌4時（ランチ営業 11時30分〜14時）、土・日曜・祝日12時〜24時
定休日／なし
客単価／3500円
席数／カウンター9席、テーブル20席、テラス12席

博多串焼き ハレノイチ

東京・浅草の裏通りに2017年9月にオープン。オーナーは、東京における博多串焼きのパイオニアともいえる㈱ベイシックスの「ジョウモン」の店長などを務めた板木駿一氏だ。串焼きは、豚、鶏、牛のほか、豚バラ肉で野菜などを巻いた野菜巻きが主力商品で、串焼きがフード売上げの7割を占める。主客層は地元住民。

SHOP DATA
東京都台東区西浅草3-12-8
☎03-6324-9438
営業時間／17時〜24時（L.O.23時）
定休日／火曜
客単価／4300円
席数／カウンター12席、テーブル14席

牛ホルモン串 吉村

牛ホルモン串専門店として2017年に大阪・福島にオープンし、18年11月にリニューアル。大阪市内を中心にエッジの立った飲食店を展開する㈱平井グループの1店だ。牛串はめずらしい部位も含めて常時20品を用意。1串の重量が25gという小ぶりの商品設計で、さまざまな部位を気軽に食べ比べできる。

SHOP DATA
大阪府大阪市福島区福島2-7-13
☎06-6345-1338
営業時間／18時〜翌5時
（ドリンクL.O.翌4時30分、フードL.O.翌4時）
定休日／なし
客単価／3500円
席数／カウンター6席、テーブル18席

串焼 博多 松介 （まつすけ）春吉店

福岡に拠点を置く外食企業である㈱O・B・U Companyが展開する串焼き店。松介ブランドでは現在5店を出店している。ワインと串焼きを一緒に楽しむことをコンセプトとし、定番からオリジナルまで、幅広い串焼きメニューをラインアップ。2007年7月にオープンした春吉店は、おもに40代以上の会社員に支持されている。

SHOP DATA
福岡県福岡市中央区春吉3-22-23
AMANOビル1F
☎092-714-1444
営業時間／17時〜翌1時（L.O.24時）
定休日／なし
客単価／5000円
席数／カウンター10席、テーブル37席

もつ焼き 串焼き
基本の技術とバリエーション

初版印刷　2019年1月20日
初版発行　2019年2月5日

編者©　柴田書店
発行者　丸山兼一
発行所　株式会社柴田書店
　　　　〒113-8477　東京都文京区湯島3-26-9　イヤサカビル
電話　　営業部　03-5816-8282（注文・問合せ）
　　　　書籍編集部　03-5816-8260
URL　　http://www.shibatashoten.co.jp

印刷・製本　株式会社文化カラー印刷

本誌掲載内容の無断転載・複写（コピー）・引用・データ配信等の行為は固く禁じます。
乱丁・落丁本はお取り替えします。

ISBN 978-4-388-06301-7
Printed in Japan
©Shibatashoten 2019